JN147173

# 税効果会計入門

鈴木 一水
Kazumi Suzuki
著

同文舘出版

# はしがき

学生から，「税効果会計がわからない。」とよくいわれます。それはそうでしょう。税効果会計は，財務会計と税務会計の相違がもたらす影響を認識して財務諸表に反映する財務会計上の手続ですから，税効果会計を本当に理解するためには，財務会計と税務会計の両方の知識が必要です。だから，本来ならば，税効果会計の学習に先立って，財務会計と税務会計の両方を習得しておくことが望まれます。しかし，このような建前を振りかざしていては，多くの学習者が，税効果会計の学習にたどり着く前に，脱落してしまうでしょう。

近年，法人税率が引き下げられてきたとはいえ，それでも会社の負担する税金費用の税引前当期純利益に占める割合は３分の１近くありますから，税効果会計情報は，経営者にとっても，利害関係者にとっても，きわめて重要な情報であるといえます。にもかかわらず，多くの人が税効果会計に苦手意識を持ち学習途上で脱落していることは，とても残念なことといわざるを得ません。

そこで，財務会計はある程度勉強したものの（日本商工会議所簿記検定試験２級合格程度を想定）税務会計の知識は持ち合わせていない次のような読者に，税効果会計の基本的な考え方と会計処理および表示の方法をわかってもらうために，本書を書き下ろしました。

▶大学で財務会計を勉強していて税効果会計がよくわからない学生

▶資格試験のために税効果会計を勉強しているものの，税効果会計に対する苦手意識がぬぐえない受験生

▶仕事で税効果会計をやってはいるが，正直いって，自分が何をやっているのかよくわかっていない実務家

税効果会計に限らず，財務会計の学習の中心は，会計基準の理解にあります。会計基準を理解するにあたって注意しなければならないのは，会計基準で

示された定義，会計処理方法および表示方法を丸暗記しただけで，わかったつもりになってはならない，ということです。会計基準で示されている定義や方法が，なぜ一般に公正妥当と認められるのか，なぜ他の方法は一般に公正妥当と認められないのか，という「なぜ」つまり根拠を，会計基準が設定された背景に基づいて理解することが大切なのです。こうした深い理解を欠いて，会計基準の文言を表面的に暗記しただけでは，たとえ会計処理を間違いなくできたとしても，その意味はさっぱりわからない，私は何をしているの？ということになってしまいます。この程度の理解では，せっかく覚えたこともすぐに忘れてしまいますし，試験や実務で判断に迷う微妙な問題に直面しても，自分の頭で考えて答えを見つけることはできないでしょう。

どんな会計基準にも，その設定の目的や，必要とされるに至った経緯というものがあります。設定の経緯や目的は，各会計基準の「結論の背景」や「設定に関する意見書」という所に書かれています。ただ，最近の会計基準はどれも基本的には情報提供，特に投資意思決定に有用な情報の提供を目的としています。投資意思決定では，企業価値評価が行われます。企業価値は，その企業の将来キャッシュフローの金額，時期，およびそれらの不確実性によって決まります。ですから，これらの予測に役立つ情報を提供することが財務会計の役割であり，この役割を果たすために従うべき会計ルールとして，会計基準は設定されています。

税効果会計基準も例外ではなく，当期の企業活動その他の事象がもたらす将来の税金キャッシュフロー，すなわち納税額の予測に役立つ情報を提供することを目的としています。税効果会計の学習においても，この観点から会計基準の内容を理解するように努める必要があり，本書もこの姿勢で書かれています。

冒頭で述べましたように，税効果会計がわかりにくいのは，学習者の多くが税務会計の知識を持っていないことにあります。そこで，本書では，まず課税所得計算の仕組みから説明することにしました。さらに，会計処理と税務処理とが異なることを前提として説明するのではなく，なぜそのような相違が生じるのかという，相違の背後にある会計基準の考え方と税務法令の考え方の相違にまでさかのぼって解説するように心がけました。これによって，税務会計の知識のない読者の皆さんにも何とか読んでもらえ，「税効果会計は難しくない」と少しでも感じていただけることを願っています。

本書の出版に際しては，同文舘出版株式会社取締役編集局長 市川良之氏に，企画から編集に至るまで大変お世話になりました。厚くお礼申し上げます。

2017 年盛夏

鈴木一水

# 本書の構成と利用法

本書は，税効果会計の初学者を対象として，個別財務諸表と連結財務諸表の作成における税効果会計の会計処理と表示を解説した入門書である。入門書ではあるが，決して初歩的知識を断片的に覚えさせることを目的とはしていない。本書の目的は，税効果会計の基礎を，体系的に身に付けることにある。ここでの基礎とは，税効果会計の基本的な考え方と，その上に構築されている骨組みをいう。これらを理解できれば，税効果会計の会計処理と表示によって報告しようとしていること，いいかえれば会計処理と表示の意味することがわかるはずである。

第1章から第5章までで税効果会計の基本的な考え方と必要性を，第6章から第9章までで個別財務諸表の作成で税効果会計の必要となる個別項目の会計処理を，第10章で連結財務諸表作成に固有の税効果会計の会計処理を，第11章で個別財務諸表と連結財務諸表の両方における税効果会計に関する表示を，それぞれ解説している。

各章は，学習内容，本文，《まとめ》，［復習問題］および【練習問題】から構成されている。

学習内容では，その章で学習する内容を箇条書きで述べるとともに，必ず知っておいて欲しい用語をキーワードとして示した。最初に，その章で何を学ぶのかを明確に意識したうえで，キーワードに気をつけながら本文を読んで欲しい。また，各章を学習した後で，改めてここに返り，理解ができたかどうかの確認にも利用してもらいたい。

本文では，主として税効果会計基準の内容を解説した。解説にあたっては，具体的な設例を多く用いることによって，読者の理解を助けるようにした。［設例］の説明を単に目で追うのではなく，必ず自ら手を動かして計算し，説明内容を体得してもらいたい。この作業によって，会計基準の意味していることを，具体的に理解できるはずである。さらに，どうしても知っておいてもらいたいことや注意すべき点を，ポイントとして強調している。

なお，入門段階では必ずしも知っておく必要はないけれども，基本的理解を深めるのに役に立ったり，実務では必要となる知識を，脚注*）として記載している。余裕がなければ，最初は読み飛ばしても構わない。

本書のもう1つの特徴として，関連する個所を☞で示した。これが出てきたら，おっくうがらずに，ぜひ参照してもらいたい。いろいろな概念を断片的に覚えるのではなく，相互に関連づけて立体的・有機的に理解することが，結局は習得した知識を定着させ忘れにくくさせるとともに，多様な問題に臨機応変に対応できる応用力を身に着けることにもつながるのである。

《まとめ》では，その章で必ず理解してもらいたいもっとも重要な事項を簡潔に述べている。まずは最低限これだけは押さえていただきたい。

［復習問題］は，その章で出てきた重要な概念の理解を問うものである。問題文は，主に税効果会計基準で述べられている重要なものなので，空欄に当てはまる語句を覚えるだけではなく，問題文全体についても，丸暗記する必要はないけれども，その意味はきっちりと理解してもらいたい。

【練習問題】は，その章で学んだことを計算で使えるかどうかを確認するための問題である。会計基準の内容を理解することと，実際に計算ができることとは，別問題である。是非，正解が出せるようになるまで，繰り返し練習してもらいたい。

すでに述べたように，本書は税務会計のことをよく知らない読者を念頭において書かれているため，説明がくどくなったり，繰返しがあったりして，読みにくい個所もある。しかし，途中でモヤモヤしたり，ひっかかったり，つまずいたり，挫折しそうになったりしても，とにかく最後まで読み通していただきたい。途中でわからなくなっても，我慢して読み進んでいけば，突然わかるようになることもあるし，1回読み通せば，2回目からは，驚くほど速く読めるようになるはずであるから。

# 目　次

## 第3章 永久差異の税効果



## 第4章 一時差異等の税効果



## 第5章 税効果会計の意義

## 第6章　法人税等



## 第7章　資産の期末評価

## 第8章 固定資産等の償却



## 第9章 引当金・準備金等



## 第10章 連結財務諸表

## 第11章 税効果会計の表示

# 凡　例

| | |
|---|---|
| 税効果会計基準 | 税効果会計に係る会計基準 |
| 個別税効果指針 | 個別財務諸表における税効果会計に関する実務指針 |
| 連結税効果指針 | 連結財務諸表における税効果会計に関する実務指針 |
| 回収可能性指針 | 繰延税金資産の回収可能性に関する適用指針 |
| 税率指針 | 税効果会計に適用する税率に関する適用指針 |
| 公開草案 | 「税効果会計に係る会計基準」の一部改正 |
| 法人税等会計基準 | 法人税，住民税及び事業税等に関する会計基準 |
| 金融商品会計基準 | 金融商品に関する会計基準 |
| 棚卸資産評価会計基準 | 棚卸資産の評価に関する会計基準 |
| 減損会計基準 | 固定資産の減損に係る会計基準 |
| 連結会計基準 | 連結財務諸表に関する会計基準 |
| 持分法会計基準 | 持分法に関する会計基準 |
| 持分法指針 | 持分法会計に関する実務指針 |

# 税効果会計入門

# 第１章　会社の税金

学習内容

□　法人税等の範囲

□　法定実効税率の算定方法

《キーワード》

◦法人税等　◦法定実効税率

## 1　税金の種類

税金には，所得税，消費税，相続税などさまざまな種類がある。しかし，税金の種類にかかわらず，その金額は，一般に課税標準に税率をかけて計算する。*)

税額＝課税標準×税率

何が課税標準になるかは，税金の種類によって異なるが，納税者がその税金を支払う経済的能力（担税力という。）を示す指標となるもの，たとえば所得金額や消費額や財産価額などが選ばれる。税率も，税金の種類によって異なり，それぞれの税金を規制する法律（租税法とか税法と総称される。），たとえば所得税法とか消費税法とか相続税法で定められる。

会社は多くの種類の税金を払わなければならないが，その中でも特に負担が

*) 政策上の理由から税負担を軽減するための方法として，税額控除という制度がある。税額控除とは，法律で定められた一定の要件を満たす場合に，課税標準に税率をかけて算出された税額から，一定の金額を控除する税負担軽減措置の１つである。税額控除が認められる場合の税額の算定式は，次のようになる。

税額＝課税標準×税率－税額控除額

大きいのは，所得金額を課税標準とする税金である。会社の所得金額を課税標準とする税金には，国に払う**法人税**のほか，都道府県に払う**事業税所得割**[*]がある。また，所得金額ではないけれども，法人税額を課税標準とする税金に，国に払う**地方法人税**と，地方に払う**都道府県民税**および**市町村民税**の**法人税割**がある。都道府県民税と市町村民税をあわせて**住民税**という。なお，東京23区では，住民税を都民税として支払う。また，事業税所得割額を課税標準とする税金に，国に支払う**地方法人特別税**がある（2019（平成31）年10月1日以後開始年度から廃止される予定）。地方法人税および住民税法人税割または地方法人特別税は，所得金額を課税標準として算定される法人税額または事業税所得割額を課税標準とするので，その税額は所得金額から間接的に算定されることになり，所得金額を税額計算の基礎とするという点では，法人税や事業税所得割と同じである。

**表1-1　法人税等の範囲と計算方法**

| 法人税等 | 支払先 | 計　算　方　法 |
|---|---|---|
| 法人税 | 国 | 所得金額×法人税率 |
| 住民税法人税割 | 地方 | 法人税額×住民税率<br>＝所得金額×法人税率×住民税率 |
| 地方法人税 | 国 | 法人税額×地方法人税率<br>＝所得金額×法人税率×地方法人税率 |
| 事業税所得割 | 地方 | 所得金額×事業税率 |
| 地方法人特別税(注) | 国 | 事業税所得割額×地方法人特別税率<br>＝所得金額×事業税率×地方法人特別税率 |
| 外国法人税 | 外国 | 各国税法に基づく所得金額×税率 |

（注）　地方法人特別税は，2019（平成31）年10月1日以後開始年度から廃止される予定。

---

＊）資本金が1億円を超える会社の事業税には，所得割のほかに，外形標準課税が適用され，付加価値割と資本割が課税される。付加価値割は各年度の付加価値額（報酬給与額＋純支払利子＋純支払賃借料）を，資本割は各年度末の資本金等の額を，それぞれ課税標準とするので，後述する法人税等には含まれず，したがって税効果会計の適用対象にはならない。

所得金額は当期純利益を基礎として計算されるので（☞第2章），これらの税金は利益に関連する金額を課税標準とするといえる。さらに，日本企業が外国で得た所得に対して，その外国で課税される外国法人税も，同じような性格をもつ。このように，法人税その他利益に関連する金額を課税標準とする税金を総称して**法人税等**とよぶ（税効果会計基準第一）。税効果会計の対象となる税金は，法人税等に限定される。固定資産税や不動産取得税などの法人税等以外の税金は，税効果会計とは関係ない。

**ポイント**

税効果会計の対象となる税金は法人税等だけ。

## 2　法人税等の申告納税

### (1)　申　　告

会社は，法人税等の税額とその基礎となった課税所得金額の計算過程などを記載した確定申告書を，原則として各年度終了後2か月以内に，税務署長などに提出しなければならない。確定申告書を提出することを**確定申告**という。

会社は，さらに上半期（期首から6か月間）終了後2か月以内に中間申告書を提出しなければならない。中間申告書を提出することを**中間申告**という。中間申告には，前年度実績による予定申告と，仮決算による中間申告とがあって，いずれかを選択できる。前年度実績による予定申告では，前年度の税額の半額を中間分の税額とする。仮決算による中間申告では，上半期を1年度とみなして上半期末に仮決算をし，そこで課税所得金額と税額を計算して申告する。

### (2)　納　　付

会社は，中間申告書と確定申告書の各提出期限までに，申告するだけでなく，申告した税額を**納付**しなければならない。確定申告の納付にあたっては，確定させた年度について納付すべき税額から，すでに中間納付した税額を差し引いた残りを払う。もしその年度に納付すべき税額を超えて中間納付していた場合には，払いすぎた中間納付額を返してもらえる。これを**還付**という。

(1) と図 1-1 からわかるように，確定申告の納付は，その年度が終了してから 2 か月以内に行われるので，確定申告で納付すべき税額は，期末時点では未払いになる。

図 1-1　法人税等の申告納付

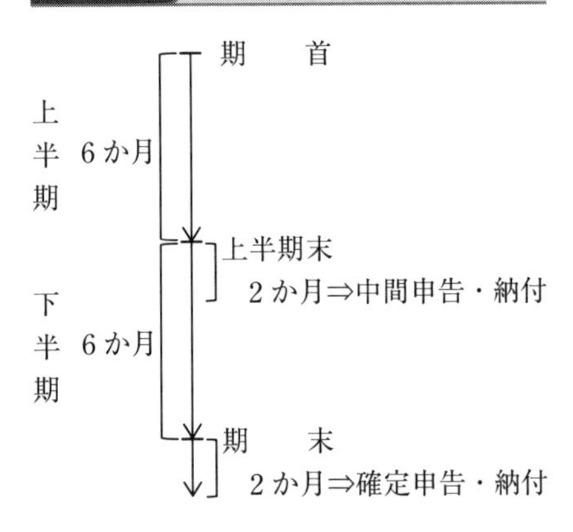


### (3)　申告納付の会計処理

中間納付の会計処理には，納付額を，費用処理する方法と，仮払処理する方法とがある。いずれの方法をとっても，期末時点で納税額を清算し，その年度全体で納付すべき税額を費用計上する。損益計算書に記載される税金費用は，**法人税，住民税及び事業税**という費用科目で，貸借対照表に記載される期末の未払税金は，**未払法人税等**という負債科目で，それぞれ表示される（☞第 11 章 1，2）。

［設例 1-1］法人税等の申告納付の会計処理

3 月末決算会社である当社は，×1 年 11 月に，法人税等 300 を中間納付している。×2 年 3 月末決算時に見積られる×1 年度の法人税等は 500 である。このうち300は，すでに中間納付済みであるから，期末時点で未払いの納付すべき税額は200となる。

中間納付時および決算時の会計処理は，次のようになる。

［中間費用処理］

| | | | | | |
|---|---|---|---|---|---|
| 中間納付時 | （借）法人税，住民税及び事業税 | 300 | （貸）現　　金 | 300 |
| 決　算　時 | （借）法人税，住民税及び事業税 | 200 | （貸）未払法人税等 | 200 |

または，

［中間仮払処理］

| | | | | |
|---|---|---|---|---|
| 中間納付時 | （借）仮 払 税 金 | 300 | （貸）現　　金 | 300 |
| 決　算　時 | （借）法人税，住民税及び事業税 | 500 | （貸）仮 払 税 金 | 300 |
| | | | 未払法人税等 | 200 |

## 3　法定実効税率

1で説明したように，法人税等は複数の種類の税金からなる。各種税金の税額計算に適用される税率には，決算日において成立している各種税金を規制する税法で定められているものを使う（税率指針5，6）。

税金の種類によって適用される税率は異なるので，課税所得に対する法人税等の全体的な負担率を求めるためには，法人税等を構成する各種税金の法定税率を1つにまとめる必要がある。各種税金の法定税率を1つにまとめた法人税等の全体的な負担率を**法定実効税率**という。法定実効税率は，次式によって算定される[*]。

---

*）本文中の算定式は，2019（平成31）年10月1日以後開始年度から廃止される予定の地方法人特別税を事業税に含めている。地方法人特別税を分けて表すと，次式のようになる。

$$\text{法定実効税率}=\frac{\text{法人税率}+\text{法人税率}\times\text{住民税率}+\text{法人税率}\times\text{地方法人税率}+\text{事業税率}+\text{事業標準税率}\times\text{地方法人特別税率}}{1+\text{事業税率}+\text{事業標準税率}\times\text{地方法人特別税率}}$$

事業税所得割の税率については，地方税法によって標準税率が定められているが，制限税率まで各都道府県の裁量によって税率を引き上げることができる。ただし，地方法人特別税の課税標準となる事業税所得割額は，標準税率によって算定された金額とされる。

$$\text{法定実効税率} = \frac{\text{法人税率} + \text{法人税率} \times \begin{pmatrix}\text{都道府県}\\\text{民税法人}\\\text{税割税率}\end{pmatrix} + \text{法人税率} \times \begin{pmatrix}\text{市町村民}\\\text{税法人税}\\\text{割税率}\end{pmatrix} + \text{法人税率} \times \text{地方法人税率} + \text{事業税率}}{1 + \text{事業税率}}$$

$$= \frac{\text{法人税率} \times (1 + \text{住民税率} + \text{地方法人税率}) + \text{事業税率}}{1 + \text{事業税率}}$$

[設例 1-2] 法定実効税率の計算

法人税等を構成する各種税金の税率を，

| | | | |
|---|---|---|---|
| 法人税 | 0.234 | 道府県民税法人税割 | 0.032 |
| 市町村民税法人税割 | 0.097 | 地方法人税 | 0.044 |
| 事業税所得割 | 0.036 | | |

とすると，法定実効税率は次のようになる。

$$\text{法定実効税率} = \frac{0.234 \times (1 + 0.032 + 0.097 + 0.044) + 0.036}{1 + 0.036} = 0.2997$$

法定実効税率を算定するのに，各種税金の税率を単純に合算するのではなく，合算したものを「1＋事業税率」でわるのは不思議かもしれない。これは，法人税法が，当年度分の法人税・住民税のみならず事業税まで，課税所得計算でマイナスすることを認めていない一方で，前年度分の事業税に限って，当年度の課税所得計算でマイナスすることを認めているため，それだけ税負担が軽減されるからである（☞第 6 章 2）。

**ポイント**

**前年度事業税が課税所得を減少させる分だけ，法定実効税率は低下する。**

[設例 1-3] 事業税等の税負担軽減効果

当年度の税引前当期純利益が 10,000（前年度も同額）で，そこから前年度の事業税所得割額を控除した金額が課税所得金額になるとする。法人税率 0.234，道府県民税法人税割税率 0.032，市町村民税法人税割税率 0.097，地方法人税率

0.044，事業税所得割率 0.036 とすると，前年度の事業税が当年度の課税所得計算で減額できることから，

当年度の事業税＝(10,000－前年度の事業税)×0.036

となる。この設例では，税引前当期純利益が前年度と当年度で等しいと仮定しているので，上式を変形すると，

$$\text{事業税} = \frac{10{,}000 \times 0.036}{1 + 0.036} = 347.49 \text{（前年度分・当年度分同額）}$$

となる。よって，課税所得は，9,652,51（＝10,000－347.49）となり，法人税等を構成する各種税金の金額は，

| | |
|---|---|
| 法人税 | 9,652.51×0.234＝2,258.68 |
| 道府県民税法人税割 | 2,258.68×0.032＝72.28 |
| 市町村民税法人税割 | 2,258.68×0.097＝219.09 |
| 地方法人税 | 2,258.68×0.044＝99.38 |
| 事業税所得割 | 上記算式より，347.49 |

となるので，これらの合計額は 2,997 となり，税引前当期純利益 10,000 に法定実効税率 0.2997（☞［設例 1-2］）をかけた金額と一致する。

**《まとめ》**

利益に関連する金額を課税標準とする法人税，住民税，地方法人税，および事業税を法人税等と総称する。税効果会計の対象となる税金は，法人税等に限られる。税効果会計では，法人税等の負担率として法定実効税率を用いる。法定実効税率は，事業税の税負担軽減効果を考慮して算定する。

［復習問題 1］

空欄に当てはまる語句を答えなさい。

法人税等には，［ ① ］のほか，［ ② ］，［ ③ ］および［ ④ ］に関連する金額を［ ⑤ ］とする［ ⑥ ］が含まれる。

【練習問題 1-1】

A 社の税金の納付状況は次の通りである。当年度（×1 年 4 月 1 日～×2 年 3 月 31 日）の貸借対照表に記載される未払法人税等と損益計算書に記載される法人税，住民税及び事業税のそれぞれの金額を求めなさい。

（万円）

| | ×1 年 | | | | ×2 年 | | |
|---|---|---|---|---|---|---|---|
| | 4 月 | 5 月 | 8 月 | 11 月 | 2 月 | 4 月 | 5 月 |
| 法人税 | — | 130 | — | 125 | — | — | 160 |
| 消費税 | — | 10 | 15 | 18 | 20 | — | 21 |
| 住民税 | — | 23 | — | 22 | — | — | 28 |
| 事業税 | — | 36（26） | — | 35（25） | — | — | 45（32） |
| 固定資産税 | 40 | — | — | — | — | 40 | — |

（注） 地方法人税は住民税に，地方法人特別税は事業税に含めている。事業税の（ ）は，事業税のうち所得割部分を示す。

【練習問題 1-2】

当年度の法人税等の税率は次の通りである。法定実効税率を求めなさい。

法人税 23.4%　住民税 20.7%　事業税（所得割）3.78%

【練習問題 1-3】

当年度の税率は次の通りである。会社の法定実効税率を求めなさい。

所得税（最高税率）45%　法人税 23.4%　地方法人税 4.4%　消費税 8%

道府県民税法人税割 4.2%　事業税付加価値割 1.2%　事業税資本割 0.5%

事業税所得割 0.88%（標準税率 0.7%）　地方法人特別税 414.2%

市町村民税法人税割 12.1%

# 第２章　財務報告と課税所得計算

学習内容

☐　課税所得計算の仕組み

☐　財務会計と課税所得計算の差異の分類

《キーワード》

◦別段の定め　◦申告調整　◦永久差異　◦期間差異

◦一時差異　◦税務価額

## 1　3つの会計制度

会社には会社法会計と税務会計，さらに上場会社などには金融商品取引法会計が，義務づけられている。**会社法会計**では，すべての会社が，会社法と会社計算規則の規定に従って，株主と債権者を保護するために，それぞれの意思決定に役立つ情報を提供するとともに，両者の利害を調整するために，分配可能額の算定の基礎となる利益を計算する。**税務会計**でも，すべての会社が，法人税法などの規定に従って，公平な課税が行われるように，税金を支払う経済的能力である**担税力**のある所得と，それに基づく税金を計算する。**金融商品取引法会計**では，金融商品取引法の規定に従って，上場会社などが，投資者の意思決定に有用な情報を提供する。

３つも異なる会計が制度上必要とされるのは，それぞれを規制している法律の目的が異なるからである。特に投資意思決定に有用な情報の提供を目的とする金融商品取引法会計には，企業価値評価に役立つ時価や将来の見通しを重視する特徴がある。会社法会計も，かつては配当などに充てることのできる分配可能利益の計算や期末に維持すべき資本の表示を重視していたが，最近は利害調整目的からも，将来の業績予測に役立つ情報の提供を重視するようになり，金融商品取引法会計の特徴を受け入れる傾向がある。これに対して，担税力に応じた公平な課税のための税務会計では，将来の期待ではなく，実績としての業績を示す所得の計算が重視され，不確実性を伴い処分可能性を欠く時価評価や将来の見積りを含む会計処理が極力排除される。この結果，会社法や金融商品取引法に基づく財務会計と税務会計とは，分離する傾向にある。

とはいえ，これらの会計は，制度的には関連している。図 2-1 は，3 つの会計制度の関係を示している。これらの会計を規制する法律のうち，会計処理の内容を確定させる決算手続に関する規定を置いているのは，会社法だけである。だから，会社の会計は，まず会社法の規定に従って行われる。もっとも，会社法や会社計算規則に，あらゆる取引その他の事象を網羅する会計処理規定が用意されているわけではない。もし規定のない取引等があった場合には，その会計処理は，一般に公正妥当と認められる企業会計の基準その他の慣行に従うことになっている（会社法 431 条他，会社計算規則 3 条）。

税務会計では，会社法に従って確定した決算に基づいて課税所得を計算し，その内容を記載した申告書を作成する（法人税法 74 条 1 項）。税務会計専用の仕訳帳や総勘定元帳を用意し，取引等を会社法上の会計帳簿とは別に税務帳簿

図 2-1　3 つの会計制度の関係

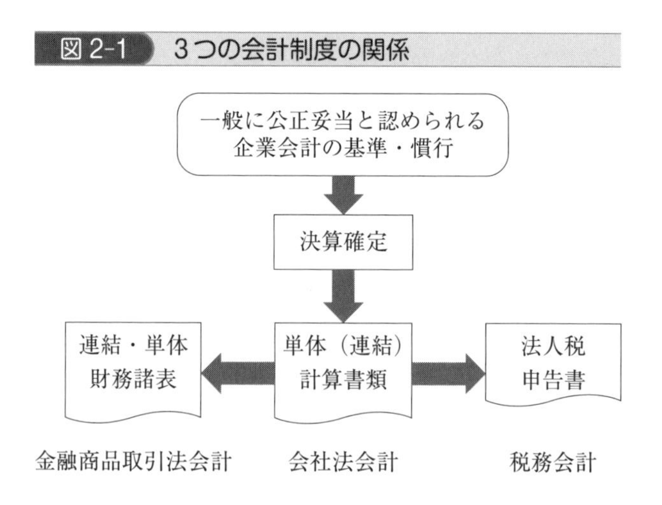

に記録して課税所得を計算する，といった面倒なことはしない[*)]。

## 2　課税所得計算の仕組み

会社の**課税所得**は，各年度ごとに益金から損金を控除して計算する（法人税法22条1項）。**益金**は，法人税法等による別段の定めがあるものを除いて，その年度の収益であり（同条2項），**損金**は，別段の定めがあるものを除いて，その年度の原価・費用・損失である（同条3項）。益金計算の基礎となる収益と，損金計算の基礎となる費用等は，それぞれ**一般に公正妥当と認められる会計処理の基準**に従って計算されなければならない（同条4項）。したがって，別段の定めの適用がある取引等を除いて，収益と益金，また費用等と損金は，それぞれ一致する[**)]。いいかえれば，別段の定めは，会計処理と税務処理との間

図2-2　課税所得計算の仕組み

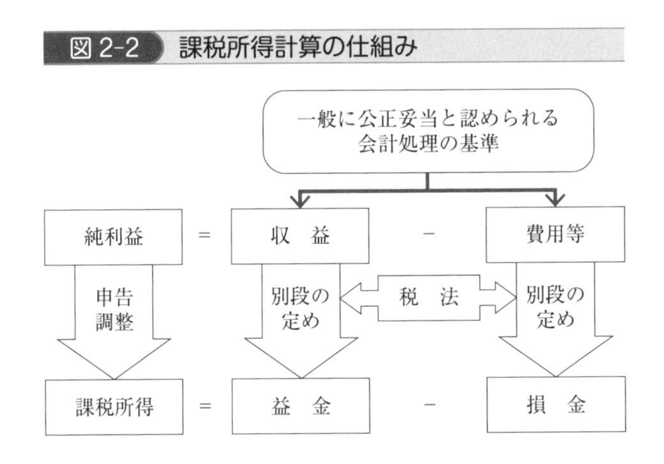


*）同じことは金融商品取引法会計でもいえ，会社法に従った決算による単体の個別計算書類の存在を前提として，その表示を組み替えたり注記事項を追加して個別財務諸表を作成し，次に企業集団内で個別財務諸表を合算したものに，消去・修正を加えて連結財務諸表を作成する。

**）実は，会社法上の一般に公正妥当と認められる企業会計の基準その他の慣行と法人税法上の「一般に公正妥当と認められる会計処理の基準」とが一致するかどうかについては議論が分かれており，この問題は税務会計における重要な研究課題の1つとなっている。しかし，ほとんどの取引等に対する一般に公正妥当な会計処理方法は，会計上と税務上とで一致しているので，入門書である本書では，この問題に深く立ち入らないことにする。

に差異を生じさせる。課税所得計算において，益金に含めることを益金算入といい，収益であっても益金に含めないことを益金不算入という。同様に，損金に含めることを損金算入といい，費用等であっても損金に含めないことを損金不算入という。

**別段の定め**は，税収の確保，課税の公平，租税政策その他の政策上の理由から設けられている。税収確保のためには，一定の役員給与の損金不算入，ほとんどの交際費や一定の寄附金の損金算入制限などの規定が設けられている。課税の公平性を確保するためには，減価償却費に限度額を設ける規定や，資本的支出と修繕費を画一的に区別するための規定などがある。租税政策上の要請には，受取配当等の益金不算入や，法人税・住民税の損金不算入などの規定がある。さらに税制は，政策目標を達成するための経済的インセンティブを与える手段としても利用されることがあり，たとえば特定の設備への投資を促すための租税特別措置法に基づく特別償却の規定などがある。

別段の定めがあるため，益金が収益と一致することはなく，また損金が費用等と一致することもない。この結果，図 2-2 で示したように，課税所得が，収益から費用等を差し引いて算定される会計上の当期純利益と一致することはない。そこで，税務会計では，決算で確定した当期純利益を，別段の定めを反映するように修正して，課税所得を計算することになる。

**ポイント**

**会計上の当期純利益と課税所得は一致しない。**

別段の定めに基づいて当期純利益を修正すると，次の 4 種類の食違い項目が生じる。

① その年度において，会計上は収益にならないのに，税務上は益金になる非収益・益金項目

② その年度において，会計上は収益になるのに，税務上は益金にならない収益・非益金項目

③ その年度において，会計上は費用等になるのに，税務上は損金にならない費用等・非損金項目

④　その年度において，会計上は費用等にならないのに，税務上は損金になる非費用等・損金項目

当期純利益＝収益－費用等……（1）　　課税所得＝益金－損金……（2）

であり，図2-3からもわかるように，

益金＝収益＋非収益・益金（①）－収益・非益金（②）……（3）

損金＝費用等－費用等・非損金（③）＋非費用等・損金（④）……（4）

となる。(3)式と(4)式を(2)式へ代入すると，

課税所得＝（収益＋①－②）－（費用等－③＋④）

　　　　＝（収益－費用等）＋（①＋③）－（②＋④）

これに（1）式を代入すると，

課税所得＝当期純利益＋（①＋③）－（②＋④）

となる。よって，課税所得の計算過程は，次のように表される。

当期純利益

＋（①非収益・益金項目＋③費用等・非損金項目）⇒　加算項目

－（②収益・非益金項目＋④非費用等・損金項目）⇒　減算項目

＝課税所得

損益計算書の最終項目である当期純利益を出発点とし，これに加算・減算の

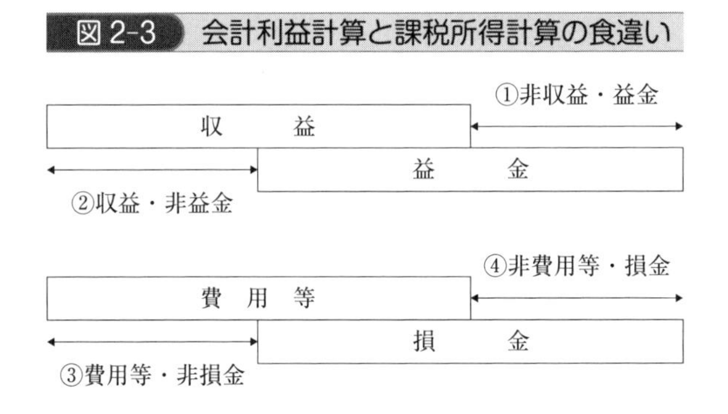

修正を加えて課税所得を求める手続を**申告調整**という。課税所得は，財務会計から離れて独自に計算されるのではなく，会計上の当期純利益に申告調整で修正を加えることによって計算されるのである。

## 3 会計と税務の差異

### (1) 永久差異

申告調整によって生じる当期純利益と課税所得の差異には，翌年度以降の課税所得計算で解消するものと，いつまでたっても永久に解消しないものとがある。永久に解消しない差異を**永久差異**という。永久差異には，受取配当等の益金不算入額，法人税・住民税の損金不算入額，役員給与の損金不算入額，寄附金の損金不算入額，交際費の損金不算入額，罰金・過料等の損金不算入額などがある。

[設例 2-1] 受取配当等の益金不算入

会計上は収益となる受取配当金 100 のうち 50 が税務上益金不算入とされると，会計上と税務上の処理は次のように異なることになり，永久差異が生じる（☞第 3 章 3 (2)）。この差異は申告調整で減算されるので，課税所得は当期純利益よりも少なくなる。

| | | | | | |
|---|---|---|---|---|---|
| [会計] | (借) 現　金 | 100 | (貸) | 受取配当金（収益） | 100 |
| [税務] | (借) 現　金 | 100 | (貸) | 受取配当金（益金） | 50 |
| | | | | 益金不算入（申告減算） | 50 |

↓
永久差異

[設例 2-2] 役員賞与の損金不算入

役員賞与は，会計上は費用になるのに対して，税務上は一定の要件を充たさないと損金不算入とされる（☞第 3 章 2 (2)）。損金不算入となる役員賞与を 100 支払った場合，申告調整で当期純利益に 100 加算されて課税所得が多くなる。

［会計］（借）役員賞与（費用）　100　（貸）現　金　100
［税務］（借）損金不算入（申告加算）　100　（貸）現　金　100
↓
永久差異

［設例2-3］法人税・住民税の損金不算入

所得に対して課税される法人税・住民税は，会計上は費用とされ，損益計算書において税引前当期純利益から差し引かれ，残額が当期純利益となる。これに対して，法人税法は，法人税・住民税を損金不算入としている（☞第3章2(4)）。たとえば，税引前当期純利益が100，法人税・住民税が30，したがって税引後の当期純利益が70のとき（説明を簡単にするために，事業税は無視する。），課税所得は70ではなく100となる。

### (2)　期間差異

別段の定めには，永久差異とは別に，当期純利益の計算要素である収益・費用等と，課税所得の計算要素である益金・損金との年度帰属にズレを生じさせるものがある。当期純利益と課税所得の年度帰属の差異を**期間差異**とか期間帰属差異という。期間差異は，いったん生じても，将来の課税所得計算の結果，反対の期間差異が生じて相殺され，いつかは解消される。

［設例2-4］期間差異となる貸倒損失

不良債権を抱えている会社が，×1年度に会計上は保守主義の考え方に従って早期に貸倒損失50を計上しても，この貸倒損失が，税法の要求する損金算入要件を満たさないときは，損金不算入となって申告調整で加算されるので，費用等＞損金，したがって純利益＜課税所得という差異50が生じる（☞第7章2）。

［会計］（借）貸倒損失　50　（貸）債　権　50
↓
期間差異

［税務］仕訳不要

×2年度に，税務上の損金算入要件が満たされて貸倒損失の損金算入が可能となっても，会計上はすでに×1年度に貸倒損失を計上済みなので，税務上だけ損金に算入されることになって，申告調整で減算する。この結果，×2年度には費用等＜損金，したがって純利益＞課税所得という×1年度とは反対の期間差異50が生じる。

このように，会計上と税務上の貸倒処理の相違は，貸倒損失の年度帰属の差異を生じさせるだけで，そのうち解消されるので，期間差異になる。

| | ×1年度 | ×2年度 |
|---|---|---|
| 会　　計 | 貸倒損失計上 | — |
| 税　　務 | — | 貸倒損失損金算入 |
| 期間差異 | 純利益＜課税所得 | 純利益＞課税所得 |

相殺→差異解消

## (3)　一時差異

複式簿記では，収益・費用等と益金・損金との間に期間差異が生じると，資産・負債についても，貸借対照表に記載される金額と税務上の金額との間に差異が生じる。ここで，資産・負債の税務上の金額とは，別段の定めに基づく当期純利益への加算・減算の修正を，複式簿記を通じて（会社法上の）貸借対照表に記載されている資産額・負債額に反映させて修正した金額であり，**税務価額**とよばれる。税務価額は，税務上の簿価とよばれることもあるけれども，税務帳簿というものは現実には存在しないので，本書では税務上の簿価という用語は使用しない。

（連結）貸借対照表に計上されている資産・負債の金額と課税所得計算上の資産・負債の金額との差額，いいかえれば資産・負債の貸借対照表価額と税務価額との差額を**一時差異**という（税効果会計基準第二・一・2)。期間差異が収益・費用等と益金・損金という損益面，いいかえれば一定期間中の増減であるフローに着目した概念であるのに対して，一時差異は，資産・負債の一定時点における残高というストックに着目した概念である。一時差異は，その原因となった資産の売却，償却，除却，回収，あるいは負債の決済によって，解消する。

**ポイント**

**資産・負債の貸借対照表価額と税務価額の差異を一時差異という。一時差異は，将来いつか解消する。**

［設例 2-5］一時差異となる不良債権

［設例 2-4］では，×1年度末における債権の貸借対照表価額が貸倒損失額だけ減少するのに対して，税務上はまだ貸倒損失は認識されていないので，債権の税務価額は減少しない。この結果，債権の貸借対照表価額＜税務価額という一時差異50が生じる。

×2年度に，税務上も貸倒損失が損金算入されると，債権の税務価額も貸倒損失額だけ減少する結果，債権の貸借対照表価額と税務価額は一致する（ともに残高0となる。）ので，×1年度に生じた一時差異は解消されることになる。

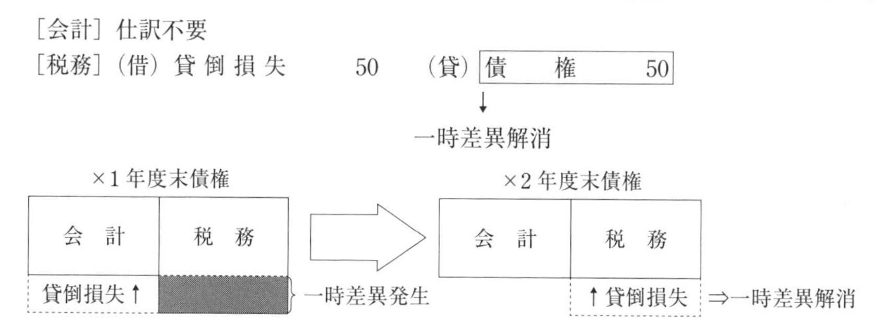

［設例 2-6］ 期間差異と一時差異の関係

［設例 2-4］と［設例 2-5］の関係を示すと，次のようになる。

| | 貸倒損失 P/L | | | 債権残高 B/S | | |
|---|---|---|---|---|---|---|
| | 会　計 | 税　務 | 期間差異 | 会　計 | 税　務 | 一時差異 |
| 1 年度首 | — | — | — | 50 | 50 | 0 |
| 1 年度末 | 50 | 0 | 50 | 0 | 50 | 50 |
| 2 年度末 | 0 | 50 | △ 50 | 0 | 0 | 0 |

（注） △はマイナスを表す。

このように，損益面で期間差異が生じたときには，資産負債面でも一時差異が生じ，その後，逆向きの期間差異が生じるときに，一時差異が解消する。

## 図 2-4　評価損の構図

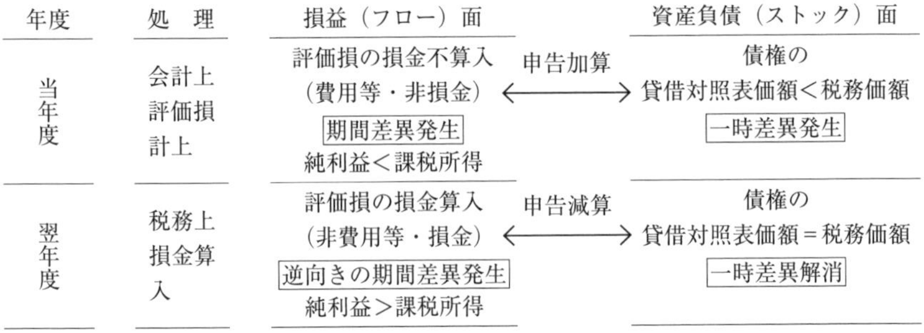

| 年度 | 処　理 | 損益（フロー）面 | | 資産負債（ストック）面 |
|---|---|---|---|---|
| 当年度 | 会計上評価損計上 | 評価損の損金不算入<br>（費用等・非損金）<br>期間差異発生<br>純利益＜課税所得 | 申告加算<br>←→ | 債権の<br>貸借対照表価額＜税務価額<br>一時差異発生 |
| 翌年度 | 税務上損金算入 | 評価損の損金算入<br>（非費用等・損金）<br>逆向きの期間差異発生<br>純利益＞課税所得 | 申告減算<br>←→ | 債権の<br>貸借対照表価額＝税務価額<br>一時差異解消 |

一時差異は，期間差異のあるときだけでなく，評価換算差額等が生じるときのように，資産・負債の貸借対照表価額が増減しても，その変動が，損益計算書を通さず純資産直入によって直接，貸借対照表の純資産の部に反映され，しかも課税所得計算に影響しない場合にも生じる（☞第 7 章 3, 4）。資産・負債の貸借対照表価額と税務価額にのみ差異が生じ，会計利益計算と課税所得計算に差異は生じないから，フロー概念である期間差異の生じようがないのである。このように，期間差異は一時差異になるのに対して，一時差異が生じても期間

差異は生じないことがあるために，一時差異の方がより広い概念であるといえる。そこで，税効果会計基準は，期間差異概念ではなく一時差異概念を採用している。

**［設例 2-7］** 評価換算差額の純資産直入

その他有価証券の期末時価が取得原価よりも 20 下落したときに，その評価差額 20 を貸借対照表の純資産の部に直入すると，資産の部に記載されているその他有価証券の貸借対照表価額は期末時価まで引き下げられるけれども，評価差額は会計上の利益計算には含められない。一方，税務上は，その他有価証券を期末時価評価しないので，税務価額も課税所得も変化しない。このとき，その他有価証券の貸借対照表価額＜税務価額という一時差異 20 が生じる。これに対して，純資産直入される借方評価差額は，会計上は費用等にならないし，税務上も損金にならないため，期間差異は生じない。しかし，一時差異は生じる。

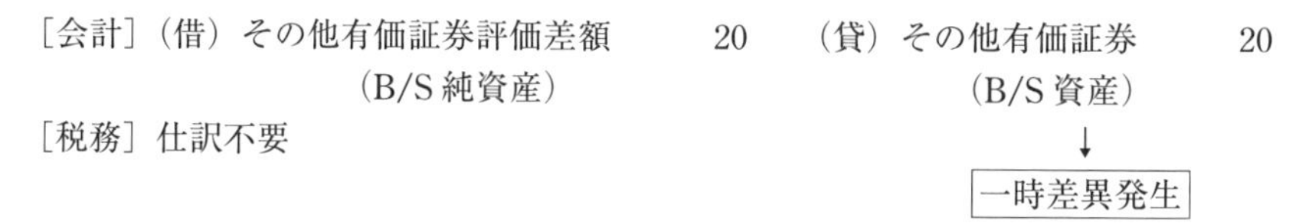
［会計］（借）その他有価証券評価差額　20　（貸）その他有価証券　20
（B/S 純資産）　（B/S 資産）
［税務］仕訳不要
↓
一時差異発生

翌年度に洗替えの処理をしたときに，一時差異は解消する。

［会計］（借）その他有価証券　20　（貸）その他有価証券評価差額　20
（B/S 資産）　（B/S 純資産）
［税務］仕訳不要
↓
一時差異解消

## 図 2-5 評価換算差額の構図

| 年度 | 処理 | 損益面 | | 資産負債面 |
|---|---|---|---|---|
| 当年度 | 期末時価評価 | —— | ←×→ | 純資産直入<br>⇓<br>貸借対照表価額＜税務価額<br>一時差異発生 |
| 翌年度 | 洗替え | —— | ←×→ | 戻入れ<br>⇓<br>貸借対照表価額＝税務価額<br>一時差異解消 |

課税所得のマイナスである税務上の欠損金は，将来の課税所得と相殺可能であれば，期間差異になり，相殺できなければ永久差異になる。ただし，たとえ期間差異になる欠損金であっても，特定の資産または負債とは関連しないことから，ストック面に着目した概念である一時差異にはならない。そこで，税効果会計基準は，税務上の欠損金の累積したものである**税務上の繰越欠損金**を一時差異に準ずるものとし，一時差異に繰越欠損金を含めた「一時差異等」という概念を採用している（税効果会計基準第二・一・4）（☞第 4 章 3）。

### 《まとめ》

課税所得は，決算で確定した当期純利益に，税法の別段の定めによる加算・減算の申告調整を加えて計算される。申告調整の結果，損益面では，当期純利益と課税所得とに差異が生じ，また資産負債面でも，資産・負債の貸借対照表価額と税務価額とに差異が生じる。資産負債面で生じた差異を一時差異という。

［復習問題 2］

空欄に当てはまる語句を答えなさい。

［①］に計上されている［②］および［③］の金額と［④］計算上の［②］およ

び ③ の金額との差額を一時差異という。一時差異が生じるのは， ⑤ または ⑥ の ⑦ が相違する場合と，資産の評価替えにより生じた ⑧ が直接 ⑨ の部に計上され，かつ， ④ の計算に含まれていない場合である。

【練習問題 2-1】

損益計算書を分析すると，次のことがわかった。当年度の課税所得金額を計算しなさい。

▶当期純利益は 36,800 千円。

▶費用計上された法人税，住民税及び事業税 27,000 千円は，税務上は損金不算入となる。

▶前年度分事業税 4,000 千円を前期末に計上した未払法人税等を取り崩して当年度に支払ったので，この支払いは当期の損益計算書には反映されていないが，税務上は当年度に損金不算入となる。

▶受取配当金のうち益金不算入額が 300 千円ある。

▶費用計上された役員賞与 20,000 千円が，税務上は損金不算入となる。

▶事業に関連して支払った罰金 10,000 千円を費用計上したが，税務上は損金不算入となる。

▶交際費のうち 500 千円は税務上損金不算入となる。

【練習問題 2-2】

次の差異を，永久差異と一時差異に分類しなさい。

| | | |
|---|---|---|
| a. 法人税・住民税 | b. 事業税 | c. 受取配当金の益金不算入額 |
| d. 減価償却限度超過額 | e. 役員賞与の損金不算入額 | f. 交際費の損金不算入額 |
| g. 寄附金の損金不算入額 | h. 罰金・過料 | i. 使途不明金 |
| j. 棚卸資産の評価損 | k. 固定資産の減損損失 | l. その他有価証券評価差額 |

【練習問題 2-3】

×1 年度末に取得価額 100 千円の有価証券を 30 千円にまで評価減し，評価損 70 千円を計上したが，税務上の損金算入は認められなかった。

×2 年度に上記有価証券を 40 千円で売却した。

各年度における期間差異と一時差異の発生額または解消額を示しなさい。

# 第3章　永久差異の税効果

学習内容

- □　税効果の意義
- □　申告加算による永久差異の税効果
- □　申告減算による永久差異の税効果

《キーワード》

◦税効果　　◦永久差異

## 1　税 効 果

取引その他の事象に税法規定を適用した結果を**税効果**という。当年度の取引等に対して，会計上と税務上とで同一の処理が行われ，当年度の会計利益と課税所得の金額が一致するならば，その金額に税率をかけたものが当年度の納税額となる。この場合の税効果は，当年度だけに生じ，将来に及ぶことはない。しかし，会計基準と税法とでは違いがあるため，当年度に会計上認識された取引等に税法規定を適用しても，当年度の納税額だけではなく，将来の納税額を増減させることもある。税効果は，当年度または将来の納税額の増減として現れるのである。

[設例 3-1]　当年度限りの税効果

当年度の売上総利益は 100 であり，会計上と税務上の差異はないとすると，課税所得も 100 となる。税率を 0.3 とすると，商品販売に関連する当年度納税額は 30（＝100×0.3）となる。当年度の商品販売によって将来の納税額が増減することはない。

［設例3-1］のように，会計処理と税務処理に差異がない取引等の税効果は，その取引等からの会計利益したがって課税所得に税率をかけた金額が，当年度納税額になるという形で現れる。しかし，会計処理と税務処理が異なるために，会計利益と課税所得に差異が生じる場合には，会計利益に税率をかけても当年度納税額とはならない。ただし，会計と税務に差異があっても，それが永久差異である場合の税効果は，当年度納税額のみに影響し，将来の納税額を増減させることはない。他方，会計利益と課税所得が一致しても，資産・負債の貸借対照表価額と税務価額に差異がある場合には，その差異が将来の納税額を増減させることもある（☞第7章3，4）。

## 2　申告加算による永久差異の税効果

### (1)　申告加算永久差異

申告調整で当期純利益に加算され，しかも将来にわたって解消されることのない永久差異があると，その年度だけ純利益＜課税所得となるので，当年度納税額（＝課税所得×税率）は当期純利益に税率をかけた金額よりも大きくなる。いいかえれば，当期純利益に対する当年度納税額の比率は，税率よりも大きくなる。

当年度納税額＝（当期純利益＋申告加算一時差異）×税率
⇓
課税所得

**ポイント**

**申告加算による永久差異は，当年度の税負担だけを重くする。**

永久差異は，将来にわたって解消されることはないので，その税効果は，当年度納税額のみに影響する。申告加算による永久差異の代表的なものに，役員賞与の損金不算入額，寄附金の損金算入限度超過額，交際費の損金算入限度超過額，損金不算入の罰科金，法人税・住民税の損金不算入額などがある。

### (2)　役員賞与の税効果

役員賞与は，役員の職務執行の対価であるから，会計上は費用となる。しかし，税務上は，臨時に支払われる役員賞与の損金算入を認めると，支払額や支払時期を恣意的に決めることによって課税所得を容易に操作できて，課税の公平が害されるおそれがある。そこで，一定の要件を充たさない役員賞与は，損金不算入とされる。この損金不算入額は，年度帰属の差異ではなく，永久に解消されることのない申告加算永久差異になる。

[設例3-2]　役員賞与の損金不算入の税効果

損金不算入となる役員賞与を100支払った場合，課税所得の計算にあたって申告調整で当期純利益に100加算されて課税所得が100だけ増加する（☞［設例2-2］）。この結果，税率を0.3とすると，当期純利益に課税されるよりも30（＝100×0.3）だけ税負担が重くなる。

### (3)　交際費の税効果

交際費も，会計上は費用となるが，税務上は損金算入制限がある。特に大会社では，交際費のうち，それに含まれる接待飲食費の50％相当額を超える金額（すなわち，接待飲食費のうち50％超過額と接待飲食費以外の交際費の合計額）は，損金不算入とされる。これは，交際費を使って接待，供応，贈答などを受けた側が，経済的利益を受けたにもかかわらず所得を申告せず税金を払わないことによって生じる課税の空白を，交際費を支出した側で課税することによって穴埋めするためである。

[設例3-3]　交際費の損金不算入の税効果

税引前当期純利益100の算定過程で，交際費30（このうち接待飲食費は20）が収益から差し引かれているとき，この交際費のうち20（＝30－20×0.5）が税務上は損金不算入になって申告調整で加算されるので，課税所得は120（＝100＋20）になる。税率を0.3とすると，当年度納税額は36（＝120×0.3）となり，当期純利益は64となる。税引前当期純利益に対する当年度納税額の負担率は0.36となって，税率0.3よりも大きな負担をすることになる。

| | | |
|---|---|---|
| 税引前当期純利益 | 100 | 36%＞税率30% |
| 当年度納税額 | 36 | |
| 当期純利益 | 64 | |

### (4)　法人税・住民税の税効果

当年度に納付すべき法人税等は，損益計算書に法人税，住民税及び事業税として計上され，税引前当期純利益から差し引かれて，税引後の当期純利益が表示される。このように，当年度に納付すべき法人税等は，会計上は費用とされる。しかし，税務上は損金不算入とされる。法人税法は，税金を支払う前の利益で会社の担税力を測定することにしているのである。このため，他に差異がない場合には，税引前当期純利益と課税所得は一致する。ただし，法人税等のうち，法人税と住民税は永久差異となるのに対して，事業税は翌年度に損金に算入される一時差異になる（☞第4章）。

[設例3-4] 法人税等の損金不算入の税効果

税引前当期純利益を100とすると，法人税等以外に差異がなければ，課税所得も100になる。税率を0.3とすると，法人税等の当年度納税額は30（＝100×0.3）となり，税引後の当期純利益は70（＝100－30）となる。

| | | |
|---|---|---|
| 税引前当期純利益 | 100 | 税率30% |
| 当年度納税額 | 30 | |
| 当期純利益 | 70 | |

このように，法人税等以外に差異がなければ，税引前当期純利益と課税所得が一致して，税引前当期純利益に集約された当年度の企業活動の成果が，過不足なく課税の対象となるので，税引前当期純利益に税率をかけた金額が，損益計算書に費用計上されることになる。この結果，税引前当期純利益と当年度税

金費用との間には，税率を介した対応関係が成立する。

## 3　申告減算による永久差異の税効果

### (1)　申告減算永久差異

申告調整で当期純利益から減算され，かつ将来にわたって解消されることのない永久差異があると，当年度納税額は当期純利益に税率をかけた金額よりも少なくなる。申告減算による永久差異も，当年度納税額だけに影響する。

当年度納税額＝（当期純利益－申告減算永久差異）×税率
⇩
課税所得

ポイント

**申告減算による永久差異は，当年度の税負担だけを軽くする。**

### (2)　受取配当金の税効果

申告減算による永久差異の代表的なものが，受取配当金の益金不算入額である。受取配当金は，会計上は収益したがって当期純利益に含まれる。これに対して，法人税法は，持株割合が100％の会社の株式（完全子法人株式等）と1/3超100％未満の会社の株式（関連法人株式等）からの受取配当金の全額，持株割合が5％超1/3以下の会社の株式（その他の株式等）からの受取配当金の50％，および持株割合が5％以下の会社の株式（非支配目的株式等）からの受取配当金の20％を，それぞれ益金不算入としている*)。

収益となる受取配当金の全部または一部を，法人税法が益金不算入とするのは，株式が，資金運用目的だけではなく，事業支配目的でも所有されることが

---

*) 関連法人株式等からの受取配当金の益金不算入額は，配当金から負債利子を控除した金額とされる。

あり，所有目的の違いによって，受取配当金の税務上の性格が異なってくるからである。子会社や関連会社のように，当社に支配されていて，経済的実質は当社内の1部門のように位置づけられる会社からの配当金は，実質的には社内の利益の移転にすぎないので，支店から本店への送金と同じように課税対象としないことにしている。

一方，他の会社を支配するつもりはなく，単に資金運用手段として保有されている非支配目的株式等からの受取配当金は，預金からの受取利息と実質的には同じなので，課税の対象とされる。ただし，投資対象となっている会社における配当の原資となる利益剰余金は，法人税や住民税などを支払った後の税引後利益が留保されたものなので，それを配当として受け取った株主会社側で再度課税すると，同じ利益に対して何度も課税されることになってしまう。そこで，税負担を緩和して株式投資を促進するために，持株割合に応じて受取配当金の一部を益金不算入とする措置が設けられているのである。この措置によって，課税所得は当期純利益を下回るようになるので，税負担は軽くなる。

［設例 3-5］受取配当等の益金不算入の税効果

税引前当期純利益 100 には，益金不算入となる受取配当金 20 が含まれている。このとき，課税所得は 80（＝100－20）となるので，税率を 0.3 とすると，当年度納税額は 24（＝80×0.3），当期純利益は 76（＝100－24）となる。税引前当期純利益に対する当年度納税額の負担率は 0.24 となって，税率 0.3 よりも軽くなる。

| | | |
|---|---|---|
| 税引前当期純利益 | 100 | 24%＜税率 30% |
| 当年度納税額 | 24 | |
| 当期純利益 | 76 | |

## 《まとめ》

永久差異は，当年度納税額のみに影響する。申告加算による永久差異は，当年度納税額を増やし，申告減算による永久差異は当年度納税額を減らす。

［復習問題3］

空欄に当てはまる語句を答えなさい。

税務上の［①］の損金算入限度超過額，損金不算入の［②］，［③］の益金不算入額のように，税引前当期純利益の計算において，費用または収益として計上されるが，課税所得の計算上は，［④］に益金または損金に算入されない項目がある。これらの項目は，［⑤］，課税所得の計算上で加算または減算させる効果をもたないため［⑥］には該当しない。

【練習問題3-1】

当期純利益と課税所得の差異を分析すると，次のことがわかった。申告加算による永久差異と申告減算による永久差異のそれぞれの金額を求めなさい。

| | |
|---|---|
| ▶費用計上した法人税 | 800千円 |
| ▶費用計上した住民税 | 130 |
| ▶費用計上した事業税 | 150 |
| ▶受取配当金の益金不算入額 | 400 |
| ▶貸倒損失の損金不算入額 | 700 |
| ▶減価償却費の税務上の償却限度超過額 | 200 |
| ▶貸倒引当金繰入額の損金不算入額 | 350 |
| ▶退職給付費用の損金不算入額 | 500 |
| ▶費用計上した寄附金の損金算入限度超過額 | 420 |
| ▶交際費の損金算入限度超過額 | 240 |
| ▶費用計上した罰金の損金不算入額 | 160 |
| ▶前年度事業税の当年度損金不算入額 | 120 |

【練習問題3-2】

当社が保有するA社株式（持株比率10%）から100千円，B社株式（持株比率0.01%）から50千円，それぞれ配当金を受け取った。これらの受取配当金は，会計上は収益になるので，当期純利益に含まれている。受取配当金に係る永久差異の金額を求めなさい。

# 第４章　一時差異等の税効果

学習内容

- □　一時差異等の分類
- □　一時差異の税効果
- □　税務上の繰越欠損金の税効果
- □　繰延税金資産・繰延税金負債の計算方法
- □　繰延税金資産の計上制限

《キーワード》

◦将来減算一時差異　◦税務上の繰越欠損金　◦繰延税金資産
◦繰延税金資産の回収可能性　◦将来加算一時差異　◦繰延税金負債

## 1　一時差異の分類

一時差異は，当年度と将来の課税所得計算への影響の違いによって，将来減算一時差異と将来加算一時差異に分かれる。

### (1)　将来減算一時差異

**将来減算一時差異**は，資産（負債）の貸借対照表価額が税務価額を下（上）回るときに発生する貸借対照表価額と税務価額の差額であり，将来，資産・負債の貸借対照表価額と税務価額が一致することによって解消する。税務上は認められない会計上の資産評価損のような将来減算一時差異は，一般に，発生時には費用等・非損金となるので，会計利益計算上はマイナスされるけれども，課税所得計算上は減算されない。反対に，解消時には，非費用等・損金になるので，会計利益計算上はマイナスされないけれども，課税所得計算上は減算される。このように，資産・負債の貸借対照表価額と税務価額が一時的に相違しても，それは，将来的には資産の回収，償却，除却，売却あるいは負債の決済，取崩しによって解消し，解消時の課税所得計算で減算されるので，将来減算一時差異とよぶのである。

普通は，将来減算一時差異は，発生時の申告調整で加算され，解消時の申告調整で減算される。たとえば，税務上認められない貸倒損失額，損金算入されない棚卸資産の評価損額，固定資産の減価償却費の償却限度超過額，固定資産の減損損失額，貸倒引当金や退職給付引当金などの引当金の損金算入限度超過額などは，発生時には損金に算入されないので申告調整で加算され，解消時に損金に算入されるので申告調整で減算される（税効果会計基準注解（注2））。

**ポイント**

**将来減算一時差異は，発生年度では加算されるのが普通。**

［設例4-1］将来減算一時差異になる貸倒損失

不良債権50を，会計上は×1年度に，税務上は×2年度に，それぞれ貸倒処理した（☞［設例2-4］～［設例2-6］）。

×1年度には，会計上だけ不良債権の貸倒処理を行っているので，次の処理をする。

［会計］（借）貸倒損失　50　（貸）債　権　50
［税務］仕訳不要

この処理の結果，×1年度に債権の貸借対照表価額が税務価額を50下回り，将来減算一時差異50が発生する。同時に，会計利益は貸倒損失額だけ減少するのに対して，税務上，貸倒損失は損金に算入されない。この結果，課税所得が会計利益を50だけ上回ることになる。よって，申告調整で加算する。

×2年度に，税務上は貸倒損失の損金算入が認められても，会計上はすでに×1年度に貸倒処理が終わっているので，×2年度に会計処理の必要はない。

［会計］仕訳不要

［税務］（借）貸 倒 損 失　50　（貸）債　権　50

この結果，債権の貸借対照表価額と税務価額が一致することになり，×1年度に生じた将来減算一時差異が解消される。同時に，×2年度の会計利益は減少しないのに対して，課税所得は貸倒損失額だけ減少するので，課税所得が会計利益を下回ることになる。よって，申告調整で減算される。

例外的に，発生時に申告加算されない将来減算一時差異もある。会計上，その他有価証券の期末時価評価によって生じた借方評価差額（評価差損）を純資産直入処理しても，税務上は，その他有価証券は原価評価のままなので，その他有価証券の貸借対照表価額が税務価額を下回ることになり，将来減算一時差異が生じる。しかし，その借方評価差額が，発生時に申告調整で加算されることはない*)。純資産直入されているために，課税所得計算はもちろん，会計利益計算においてもマイナスされていないので，会計利益と課税所得に差異が生じないからである。翌年度に洗替処理によって解消したときにも，会計利益と課税所得のどちらにも影響しないので，やはり申告調整で減算されることはない。しかし，将来，その他有価証券が時価で売却されたときには，会計上も税務上も借方評価差額は売却損として実現するので，会計利益計算上も課税所得計算上もともにマイナスされることになる。したがって，純資産直入されたその他有価証券の借方評価差額も，将来減算一時差異に含まれるのである。

**［設例4-2］** 将来減算一時差異になるその他有価証券の借方評価差額

×1年度末にその他有価証券の時価が取得原価を100下回ったので，借方その他有価証券評価差額金を純資産直入によって計上する。一方，税務上は，その他有価証券は原価評価されるので，期末処理は不要である。

［会計］（借）その他有価証券評価差額金(B/S)　100　（貸）その他有価証券(B/S)　100
［税務］仕訳不要

この結果，その他有価証券の貸借対照表価額が税務価額を100だけ下回るの

---

*) 実務上，純資産直入された評価差額を，法人税申告書別表四において課税所得計算上加減算する必要はないが，別表五（一）の記載は必要になる。

で，将来減算一時差異 100 が生じる。しかし，評価差額が会計上も純資産直入によって計上されているため，会計利益と課税所得の差異は生じない。したがって，申告調整で加算する必要はない。

×2 年度に，前年度期末評価差額の洗替処理をすると，次のようになる。

［会計］（借）その他有価証券(B/S)　100　（貸）その他有価証券評価差額金(B/S)　100
［税務］仕訳不要

このときも，会計利益と課税所得は一致するので，申告調整は不要である。

なお，×2 年度に洗替処理後，その他有価証券が前期末時価で売却されたとすると，会計上も税務上も有価証券売却損 100 が計上され，会計利益も課税所得も 100 減少する。

### (2)　将来加算一時差異

**将来加算一時差異**は，資産（負債）の貸借対照表価額が税務価額を上（下）回るときに発生する貸借対照表価額と税務価額との差額であり，将来，資産・負債の貸借対照表価額と税務価額が一致することによって解消する。たとえば，会計上は認められない税務上の資産の圧縮損は，一般に，発生時には非費用等・損金となるので，会計利益計算上はマイナスされないけれども，課税所得計算では減算される。反対に，解消時には，非収益・益金になるので，会計利益計算上はプラスされないけれども，課税所得計算上は加算される。このように，資産・負債の貸借対照表価額と税務価額が一時的に相違しても，それは，将来的には資産の回収，償却，除却，売却あるいは負債の決済，取崩しによって解消し，解消時の課税所得計算で加算されるので，将来加算一時差異とよぶのである。

普通は，将来加算一時差異は，発生時の申告調整で減算され，解消時の申告調整で加算される。たとえば，特別償却準備金積立額や圧縮積立金積立額などは，会計利益計算には影響しないのに対して，税務上は積立時に損金に算入されるので申告調整で減算され，取崩時に益金に算入されるので申告調整で加算される。

**ポイント**

**将来加算一時差異は，発生年度では減算されるのが普通。**

［設例4-3］将来加算一時差異になる圧縮積立金

×0年度期末に補助金40を受けて取得した機械100に対して，剰余金の処分として圧縮積立金を40積み立てる。この圧縮積立金は，会計上はその他利益剰余金を構成するので，その積立額は会計利益計算に影響しない。一方，税務上は，圧縮積立金積立額40が損金に算入されて，益金に算入される補助金と相殺される。圧縮積立金は，税務上は機械の評価勘定（資産のマイナス）となるで，圧縮後の機械の税務価額は60（＝取得原価100－圧縮積立金40）となる。このように，圧縮積立金は，会計上はその他利益剰余金となるのに対して，税務上は圧縮対象資産に対する控除項目である評価勘定としての性格を有するので，圧縮対象資産について貸借対照表価額100＞税務価額60という将来加算一時差異40が生じる。

［会計］

| | | | | | | |
|---|---|---|---|---|---|---|
| 補助金受領 | （借） | 現　　　金 | 40 | （貸） | 補助金（収益） | 40 |
| 機械取得 | （借） | 機　　　械 | 100 | （貸） | 現　　　金 | 100 |
| 剰余金処分 | （借） | 繰越利益剰余金<br>（その他利益剰余金） | 40 | （貸） | 圧縮積立金<br>（その他利益剰余金） | 40 |

［税務］

| | | | | | | |
|---|---|---|---|---|---|---|
| 補助金受領 | （借） | 現　　　金 | 40 | （貸） | 補助金（益金） | 40 |
| 機械取得 | （借） | 機　　　械 | 100 | （貸） | 現　　　金 | 100 |
| 圧縮記帳 | （借） | 圧縮積立金積立額<br>（損　　　金） | 40 | （貸） | 圧縮積立金<br>（資産のマイナス） | 40 |

減価償却は会計上も税務上も，耐用年数2年，残存価額0の定額法で実施し，圧縮積立金は2年間にわたって1/2ずつ取り崩すものとする。

会計上は，毎年，減価償却費50が計上されるので，機械の貸借対照表価額は，×1年度末には50，×2年度末には0となる。なお，圧縮積立金の積立ても取崩しも，その他利益剰余金の内訳科目の振替え（圧縮積立金　⇆　繰越利益剰余金）にすぎない。

これに対して，税務上は，取得原価100に対しては会計上と同じく減価償却費50が計上される一方，圧縮積立金が20（＝40×1/2）取り崩されて益金に算入される。したがって，×1年度末の税務価額は30（＝貸借対照表価額（100－50）－圧縮積立金（40－20））になる。

この結果，×1年度末では，対象資産の貸借対照表価額50（＝100－50）＞税務価額30となって将来加算一時差異が40から20に減少する。同時に，会計利益が課税所得を20上回ることになるので，申告調整で加算されることになる。

［会計］

| | | | | | | |
|---|---|---|---|---|---|---|
| 減価償却 | （借） | 減価償却費（費用） | 50 | （貸） | 機　　械 | 50 |
| 剰余金処分 | （借） | 圧縮積立金<br>（その他利益剰余金） | 20 | （貸） | 繰越利益剰余金<br>（その他利益剰余金） | 20 |

［税務］

| | | | | | | |
|---|---|---|---|---|---|---|
| 減価償却 | （借） | 減価償却費（損金） | 50 | （貸） | 機　　械 | 50 |
| 圧縮記帳 | （借） | 圧縮積立金<br>（資産のマイナスのマイナス） | 20 | （貸） | 圧縮積立金取崩額<br>（益　　金） | 20 |

×2年度の税務上の減価償却費は，会計上と同じく50である。ただし，×2年度には，評価勘定である圧縮積立金20が取り崩されて税務価額が増加するので，×2年度末の税務価額は0（＝前期末残高30＋圧縮積立金取崩額20－減価償却費50）となり，×0年度に発生した将来加算一時差異は解消する。会計上は利益剰余金内の振替えにすぎない圧縮積立金取崩額が，税務上は益金に算入されるので，20だけ課税所得が会計利益を上回る。よって，申告調整で加算される。

［会計］

| | | | | | | |
|---|---|---|---|---|---|---|
| 減価償却 | （借） | 減価償却費 | 50 | （貸） | 機　　械 | 50 |
| 剰余金処分 | （借） | 圧縮積立金<br>（その他利益剰余金） | 20 | （貸） | 繰越利益剰余金<br>（その他利益剰余金） | 20 |

［税務］

| | | | | | | |
|---|---|---|---|---|---|---|
| 減価償却 | （借） | 減価償却費 | 50 | （貸） | 機　　械 | 50 |
| 圧縮記帳 | （借） | 圧縮積立金<br>（資産のマイナスのマイナス） | 20 | （貸） | 圧縮積立金取崩額<br>（益　　金） | 20 |

| | 減価償却費P/L<br>圧縮積立金増減 | | | 機械の価額B/S | | |
|---|---|---|---|---|---|---|
| | 会計 | 税務(注) | 期間差異 | 会計 | 税務 | 一時差異 |
| 0年度末 | — | —<br>40 | △40 | 100 | 60 | 40 |
| 1年度末 | 50 | 50<br>△20 | 20 | 50 | 30 | 20 |
| 2年度末 | 50 | 50<br>△20 | 20 | 0 | 0 | 0 |

（注）　下段は圧縮積立金積立額と取崩額（△）

毎年，減価償却費が50（＝100×1/2）計上されるので，圧縮対象資産の貸借対照表価額は，×1年度末には50，×2年度末には0と減少する。一方，税務価額は，圧縮積立金積立額40が評価勘定として計上されたときに60（＝100－40）となる。×1年度では，減価償却によって50減少する一方で，圧縮記帳取崩額20があるので，×1年度末の最終的な残高は30（＝（100－50）－(40－20)）となり，一時差異は20（＝50－30）になる。×2年度末には，圧縮積立金20が取り崩されて圧縮対象資産の残高が増加する一方で，減価償却費50だけ圧縮対象資産の残高は減少するので，×2年度末の残高は0（＝（50－50）－（20－20））となり，一時差異は解消する。

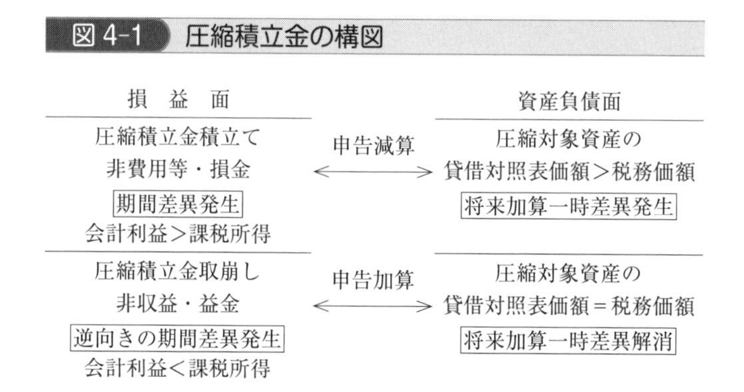

例外的に，発生時に減算されない将来加算一時差異もある。税務上は原価評価されるその他有価証券の会計上の貸方評価差額（評価差益）は，その発生時に申告調整で減算されることはない。これは，純資産直入されるために，会計利益計算と課税所得計算のどちらにおいてもプラスされていないので，会計利益と課税所得に差異が生じないからである。翌年度に洗替処理によって解消したときにも，会計利益計算と課税所得計算のどちらにも含まれないので，やはり申告調整で加算されることはない。しかし，将来，その他有価証券が時価で売却されたときには，会計上も税務上も貸方評価差額は売却益として実現するので，会計利益計算上も課税所得計算上もともに加算されることになる。したがって，その他有価証券の貸方評価差額も，将来加算一時差異に含まれる。

## 2　将来減算一時差異の税効果

将来減算一時差異は，その差異が発生する年度の課税所得を増やして納税額を増大させるのが一般的であり，解消する年度の課税所得を減らして納税額を減少させる効果をもつ。この効果は，資産負債と損益の２つの側面から分析できる。たとえば，資産について会計上は評価損を認識するのに，税務上はその損金算入が認められないと，資産負債面では，資産の貸借対照表価額は減少するのに対して，税務価額は取得原価のままなので，資産の貸借対照表価額＜税務価額となる。一方，損益面では，会計上だけ評価損が計上されるので，会計利益＜課税所得となる。

その後，税務上も評価損の損金算入が認められると，資産負債面では，資産の貸借対照表価額＝税務価額となり将来減算一時差異が解消され，損益面では，税務上だけ損金算入されるので，会計利益＞課税所得となる。こうなるのは，評価損による資産価額の減少という事実が，会計上はすでに将来減算一時差異の発生年度に認識されて税引前当期純利益に反映済みであり，解消年度の税引前当期純利益には反映されないからである。将来減算一時差異には，解消年度の納税額を減らして，発生年度に払いすぎた税金を取り戻す効果がある。

いいかえれば，将来減算一時差異は，将来の解消年度で負担すべき法人税等を，発生年度に繰り上げて払わせるのである。この将来減算一時差異のもつ税金の先払いによる将来の納税額の減少効果を，税効果会計では，**繰延税金資産**として貸借対照表で表示する。また，先払いした税金の期間配分額を，法人税，住民税及び事業税に直接含めるのではなく，原則として**法人税等調整額**として，法人税，住民税及び事業税に加減する形で損益計算書に表示する（☞第11章2）。ただし，資産の評価替えによって生じた評価差額などを純資産直入

図 4-2　将来減算一時差異の税効果

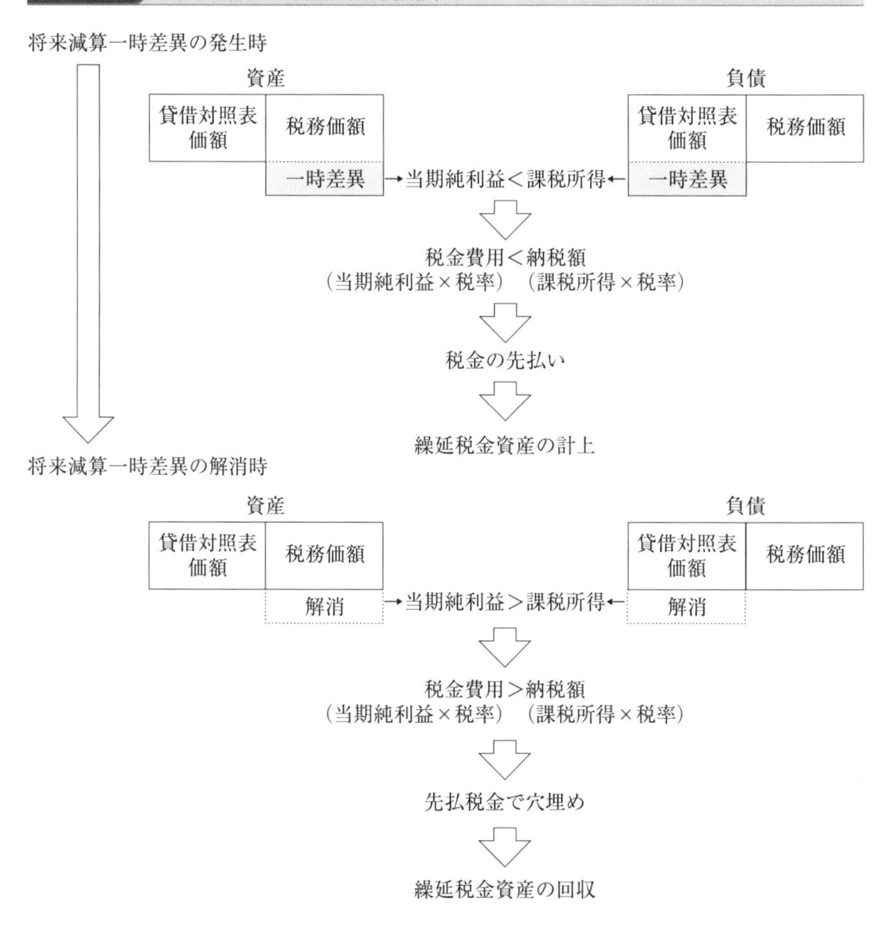

した場合には，法人税等調整額を損益計算書に計上するのではなく，繰延税金資産相当額を，貸借対照表の純資産の部に記載される評価差額等から控除する。これは，評価差額がそもそも会計利益計算に含まれていないので，先払いした税金の期間配分額を損益計算書に記載する必要がないからである（☞第5章2）。

繰延税金資産額は，将来減算一時差異に法定実効税率をかけて計算する（☞本章5）。

繰延税金資産＝将来減算一時差異×法定実効税率

将来減算一時差異の発生年度に先払いした税金によって解消年度の納税額を減らすことを，**繰延税金資産の回収**という。先払税金を繰延税金資産として貸借対照表に表示することによって，財務諸表利用者は，将来の納税額の減少をあらかじめ知ることができる。

**ポイント**

**将来減算一時差異の将来納税額減少効果を，貸借対照表上は繰延税金資産で示す。**

[設例 4-4] 将来減算一時差異の税効果

不良債権50を，会計上は×1年度に，税務上は×2年度に，それぞれ貸倒処理した（☞ [設例 4-1]）。

×1年度には，資産負債面では，債権の貸借対照表価額が税務価額を50下回るので，将来減算一時差異50が生じる。損益面では，会計上の不良債権の貸倒処理によって，税引前当期純利益が貸倒損失だけ減少するのに対して，税務上は貸倒損失が損金に算入されない。よって，×1年度の法人税等は，税引前当期純利益に税率をかけた金額よりも過大に支払われることになる。たとえば税率を0.3とすると，この過大納税額は，将来減算一時差異額に税率をかけた金額15（＝50×0.3）となる。この当年度納税額に含まれる超過支払額は，将来，貸倒損失が税務上も損金算入されて，将来減算一時差異が解消される年度に負担すべき税金の先払分を表す。この税金の先払いを貸借対照表では繰延税金資産として表示する。貸方法人税等調整額は，当年度納税額のうち将来の一時差異解消年度に費用配分される金額である。

×1年度［会計］（借）繰延税金資産　15　　（貸）法人税等調整額　15

×2年度には，債権の貸借対照表価額と税務価額が一致することになり，×1年度に生じた将来減算一時差異が解消される。［設例4-1］の仕訳からわかるように，×2年度では，税引前当期純利益は減少しないのに対して，税務上は貸倒損失だけ課税所得が減少する。したがって，×2年度の法人税等は，税引前当期純利益に税率をかけた金額よりも過少に支払われることになる。納税額が過少になるのは，この不足額がすでに×1年度に先払いされているからである。いいかえれば，×2年度法人税等の過少支払分は，×1年度に先払いされた税金によって穴埋めされる。

×2年度［会計］（借）法人税等調整額　15　　（貸）繰延税金資産　15

## 3　税務上の繰越欠損金の税効果

たとえ課税所得がマイナスになっても，それに税率をかけたマイナスの法人税つまり補助金をもらえるわけではない。そのかわり，法人税法は，一定の要件を満たす場合に，マイナスの課税所得を翌年度以降に繰り越し，その一定額を翌年度以降の課税所得計算において損金に算入して，その年度の所得と相殺することを認め，翌年度以降の納税額を減らすことを認めている。各年度の損金額が益金額を超える場合の超過額，すなわちマイナスの課税所得を**税務上の欠損金**といい（回収可能性指針3（8）），前年度以前から繰り越されてきた欠損金を**税務上の繰越欠損金**という。欠損金とか繰越欠損金は，あくまで税務上の概念であり，財務会計上の概念ではない。

前年度からの繰越欠損金がある場合には，税務上の繰越欠損金を損金に算入する前の所得金額の55％（2018（平成30）年4月1日以後開始年度からは50％）までの金額の繰越欠損金を損金に算入して，その年度の所得と相殺できる。この制度を**欠損金の繰越控除**という。損金算入しきれなかった税務上の繰越欠損金は，9年間（2018（平成30）年4月1日以後開始年度発生分からは10年間）繰り越すことができる。9年間（2018（平成30）年4月1日以後開始年度発生分からは10年間）繰り越しても損金算入しきれなかった税務上の繰越欠損金は期限切れとなり，それ以上繰り越して将来の所得と相殺することはできない。

［設例4-5］税務上の繰越欠損金の税効果

2017年度から2019年度までの所得または欠損金を次の通りとする。

| | 2017年度 | 2018年度 | 2019年度 |
|---|---|---|---|
| 所　得 | — | 1,000 | 1,000 |
| 欠損金 | 800 | — | — |

税率を0.3とすると，各年度の欠損金の繰越控除と納税額は次の通りになる。

| 年　度 | 2017年度 | 2018年度 | 2019年度 |
|---|---|---|---|
| 控除前所得 | △800 | 1,000 | 1,000 |
| 繰越控除 *1 | — | 500 | 300 |
| 繰越欠損金残高 *2 | 800 | 300 | 0 |
| 課税所得 *3 | 0 | 500 | 700 |
| 納税額 | 0 | 150 | 210 |

*1. 2018年度繰越控除：控除前所得1,000×0.50
　　2019年度繰越控除：2018年度繰越欠損金残高300（＜控除前所得1,000×0.50）
*2. 2018年度繰越欠損金残高：2017年度繰越欠損金残高800－2018年度繰越控除500
　　2019年度繰越欠損金残高：2018年度繰越欠損金残高300－2019年度繰越控除300
*3. 2018年度課税所得：控除前所得1,000－繰越控除500
　　2019年度課税所得：控除前所得1,000－繰越控除300

2018年度の控除前所得は1,000なので，本来は300（＝1,000×0.3）の法人税等を支払う必要がある。しかし，2017年度に生じた税務上の繰越欠損金800のうち，2018年度の控除前所得1,000の50％に相当する500だけ損金算入できるので，最終的な課税所得は500となって納税額は150（＝500×0.3）で済む。

同様に，2019年度の控除前所得も1,000なので，本来は法人税等を300支払わなければならないが，2017年度に生じた繰越欠損金800のうち2018年度に使用されずに2019年度まで繰り越されてきたものが300（＝800－500）残っているので，これを損金算入して控除前所得と相殺すると，最終的な課税所得は700（＝1,000－300）となって，納税額は210（＝700×0.3）で済む。このように，税務上の繰越欠損金には，将来の納税額を減少させる効果がある。

**ポイント**

**税務上の繰越欠損金にも，将来の納税額を減少させる効果がある。**

税務上の欠損金が生じた場合には，その発生年度の翌年度以降，繰越期限切れとなるまでに課税所得が生じると，税務上の繰越欠損金の一部または全部が損金に算入されて課税所得が減るので，控除年度の納税額は，税務上の繰越欠損金がない場合に比べて少なくなる。一方，会計上は，前年度以前に生じた当期純損失は，その年度の貸借対照表上のその他利益剰余金を減少させるだけで，当年度の損益計算書における会計利益計算には影響しない。したがって，税務上の繰越欠損金がある場合にも，当期純利益と課税所得との間に期間差異が生じることになる。

税務上の繰越欠損金があると，将来の課税所得を減らして納税額を少なくすることができるので，税務上の繰越欠損金は，将来減算一時差異と同じ税効果をもつ。そこで，税効果会計では，税務上の繰越欠損金を将来減算一時差異と同様に取り扱い，繰延税金資産の計上対象とする。一時差異と税務上の繰越欠損金を総称して，**一時差異等**という[*)]（税効果会計基準第二・一4）。

---

*）繰越外国税額控除の余裕額も，税務上の繰越欠損金と同様に，将来の納税額を減少させる効果をもつ。繰越欠損金と繰越外国税額控除余裕額をあわせて，税務上の繰越欠損金等とよぶ。

図 4-3 一時差異等の内訳

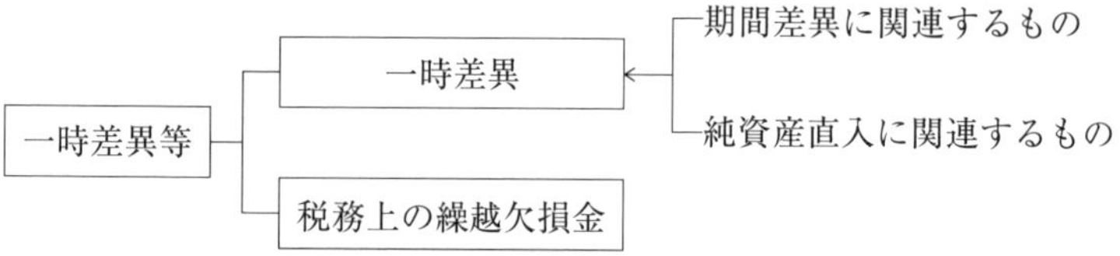

[設例 4-6] 税務上の繰越欠損金の税効果の表示

［設例 4-5］で 2017 年度に生じた欠損金 800 は，2018 年度の法人税等を 150，2019 年度の法人税等を 90，それぞれ減少させるので，この将来の納税額の減少効果を，繰延税金資産として貸借対照表に記載する。また，損益計算書上は，2017 年度に発生した税務上の欠損金を原因として将来の納税額が減少することから，これを 2017 年度に法人税等調整額として法人税，住民税及び事業税から差し引く形で表示する。計上額は，税務上の繰越欠損金額に税率をかけて計算する（240＝800×0.3）。

2017 年度［会計］（借）繰延税金資産　240　　（貸）法人税等調整額　240

2017 年度には税務上の欠損金，いいかえればマイナスの所得が 800 生じているので，本来はこれに税率 0.3 をかけた 240 だけマイナスの税金である補助金を受け取れるはずである。しかし現実には，税務上の欠損金の生じた会社が補助金をもらえるという制度はない。そのかわり，翌年度以降の税務上の繰越欠損金の損金算入を認めることによって，2018 年度の税負担を 150，2019 年度の税負担を 90，合計 240 軽減するのである。つまり，2017 年度に補助金を 240 もらうかわりに，2018 年度と 2019 年度の納税額を減額してもらっているのである。したがって，ここで計上される繰延税金資産は，本来は 2018 年度と 2019 年度に払うべき税金の先払い，あるいは 2017 年度にもらうことのできたはずの補助金の未収金としての性格をもつといえよう。

2018 年度には，本来の所得が 1,000 であるにもかかわらず，実際の納税額が 150 で済んでいるので，税負担が 150（＝300－150）軽くなる。これは，2017 年度に先払いした税金あるいは未収補助金の一部回収を意味するので，繰延税金資産を取り崩すとともに，法人税等調整額を法人税，住民税及び事業税に加える形で計上する。計上額は，繰越控除によって損金算入された税務上の繰越欠損金の減少額500に税率0.3をかけて計算する。

| | | | | | |
|---|---|---|---|---|---|
| 2018年度［会計］（借） | 法人税，住民税及び事業税 | 150 | （貸） | 未払法人税等 | 150 |
| | 法人税等調整額 | 150 | | 繰延税金資産 | 150 |

法人税，住民税及び事業税150と法人税等調整額150の合計は300となり，2018年度の控除前所得1,000に税率0.3をかけた税負担額300に一致する。

2019年度も，繰越欠損金残高300が損金算入されるので，これに税率0.3をかけた90だけ繰延税金資産を減額する。この処理によって計上される法人税等調整額90に納税額210をあわせた合計はやはり300となり，控除前所得に税率をかけた金額と一致する。

| | | | | | |
|---|---|---|---|---|---|
| 2019年度［会計］（借） | 法人税，住民税及び事業税 | 210 | （貸） | 未払法人税等 | 210 |
| | 法人税等調整額 | 90 | | 繰延税金資産 | 90 |

## 4　繰延税金資産の計上制限

たとえ将来減算一時差異が解消しても，解消年度にその減算額と相殺される課税所得がないと，解消年度の納税額を減少させることはできない。繰延税金資産は，将来減算一時差異のもつ将来の納税額の減少効果を示すものであるから，その効果が見込まれないものについてまで繰延税金資産を貸借対照表に計上することは資産の過大計上になるとともに，将来減算一時差異の発生した年度の税金費用を過少計上することになる。そこで，繰延税金資産は，将来減算一時差異が解消するときに課税所得したがって納税額を減少させると認められる範囲内で計上し，その範囲を超える金額は，繰延税金資産から控除することになっている（税効果会計基準第二・二1，（注5））（☞第11章3）。

同様に，税務上の繰越欠損金が繰越期間中に使用しきれずに期限切れになると，やはり税務上の繰越欠損金の将来の納税額の減少効果は実現しないことになる。したがって，繰越期間内に課税所得が発生する可能性が低くて，税務上の繰越欠損金を将来の所得から控除できそうにないときも，繰延税金資産から回収できそうにない金額を減額する（税効果会計基準意見書前文三3)。

このように，繰延税金資産の計上額は，将来減算一時差異の解消または税務上の繰越欠損金の課税所得との相殺による税金減少額の見積額でなければならないのである（回収可能性指針4)。将来減算一時差異等の将来納税額減少効果が実現するかどうか，いいかえれば繰延税金資産の回収可能性は，企業業績や経済情勢によって毎年変わるので，いったん計上された繰延税金資産は，将来の納税額を減少させる効果があるかどうかについて，毎期見直されなければならない（税効果会計基準第二・二1)。

繰延税金資産の回収可能性については，①収益力に基づく一時差異等加減算前課税所得，②タックス・プランニングに基づく一時差異等加減算前課税所得，および③将来加算一時差異に基づいて，将来の税負担額を軽減する効果を有するかどうかを判断する（回収可能性指針6)。一時差異等加減算前課税所得とは，将来の年度における課税所得見積額から，その年度に解消すると見込まれる当年度末に存在する将来加算（減算）一時差異額と，その年度において控除することが見込まれる当年度末に存在する繰越欠損金額を除いたものをいう（回収可能性指針3（9))。①においては，過去の業績や納税状況，将来の業績予測などを総合的に勘案しながら，将来減算一時差異に係る繰延税金資産については将来減算一時差異の解消年度およびそれを前提とした税務上の欠損金の繰越期間に一時差異等加減算前課税所得が生じる可能性が高いと見込まれるかどうか，税務上の繰越欠損金に係る繰延税金資産については税務上の繰越欠損金の繰越期間に一時差異等加減算前課税所得が生じる可能性が高いと見込まれるかどうかによって判断する。②については，将来減算一時差異の解消見込年度および税務上の繰越欠損金の繰越期間にタックス・プランニングに基づく一時差異等加減算前課税所得が生じる可能性が高いと見込まれるかどうかによって判断する。③においては，将来減算一時差異に係る繰延税金資産については将来減算一時差異の解消見込年度および税務上の繰越欠損金の繰越期間に将来加算一時差異が解消されると見込まれるかどうか，税務上の繰越欠損金に係る繰延税金資産については税務上の繰越欠損金の繰越期間に相殺される将来加算一時差異が解消されると見込まれるかどうかによって判断する。

［設例 4-7］将来減算一時差異に係る繰延税金資産の計上制限

当年度に不良債権 100 を貸倒処理し貸倒損失を計上したが，税務上は損金不算入になる。なお，来年度には税務上の貸倒要件を満たすと見込まれるが，来年度以降は大幅に業績が悪化し，当分の間，課税所得が黒字になることはないと予想される。

このとき，当年度に将来減算一時差異が 100 生じることになるが，これが解消すると見込まれる翌年度以降，その減算額と相殺される課税所得の存在が見込まれないので，この将来減算一時差異には事実上，将来の納税額を減額する効果がないことになる。よって，繰延税金資産は計上しない。

［設例 4-8］税務上の繰越欠損金に係る繰延税金資産の計上制限

当年度に税務上の欠損金が 100 生じた。このうち，繰越期間内に所得が生じて損金算入できるのは 60 で，残りは期限切れとなり繰越控除に使えないと予想される。このとき，繰延税金資産の計上対象となる税務上の繰越欠損金は 60 までなので，税率を 0.3 とすると，繰延税金資産計上額は 18（＝60×0.3）となる。

［会計］（借）繰延税金資産　18　　（貸）法人税等調整額　18

## 5　将来加算一時差異の税効果

将来加算一時差異には，将来その解消する年度の課税所得，したがって納税額を増やす効果がある。たとえば，国庫補助金で取得した固定資産に対して剰余金の処分で圧縮積立金を積み立てた場合，損益面では，この積立額は，会計上は剰余金の処分なので会計利益計算に影響しないのに対して，税務上は損金に算入される。また，資産負債面では，圧縮積立金は，会計上は利益剰余金であるのに対して，税務上は固定資産に対する評価勘定（資産のマイナス）としての性格をもつので，固定資産の貸借対照表価額が税務価額を上回ることになる。したがって，圧縮積立金は将来加算一時差異となる。圧縮積立金は，固定資産の耐用年数にわたって取り崩されるが，その取崩額は税務上は益金に算入されるので，取崩年度の課税所得を増やす。つまり，圧縮記帳は，圧縮積立金の積立年度には課税所得を減らして納税額を減少させ，かわりに将来の取崩年度の課税所得を増やして納税額を増大させる。

このように，将来加算一時差異は，課税を発生時から解消時まで延期，すなわち繰り延べる効果をもつ。この課税の繰延効果は，将来加算一時差異の発生年度では，後払税金を生じさせる。この後払税金を**繰延税金負債**として貸借対照表に記載すれば，財務諸表利用者は，将来加算一時差異によって将来もたら

## 図 4-4 将来加算一時差異の税効果

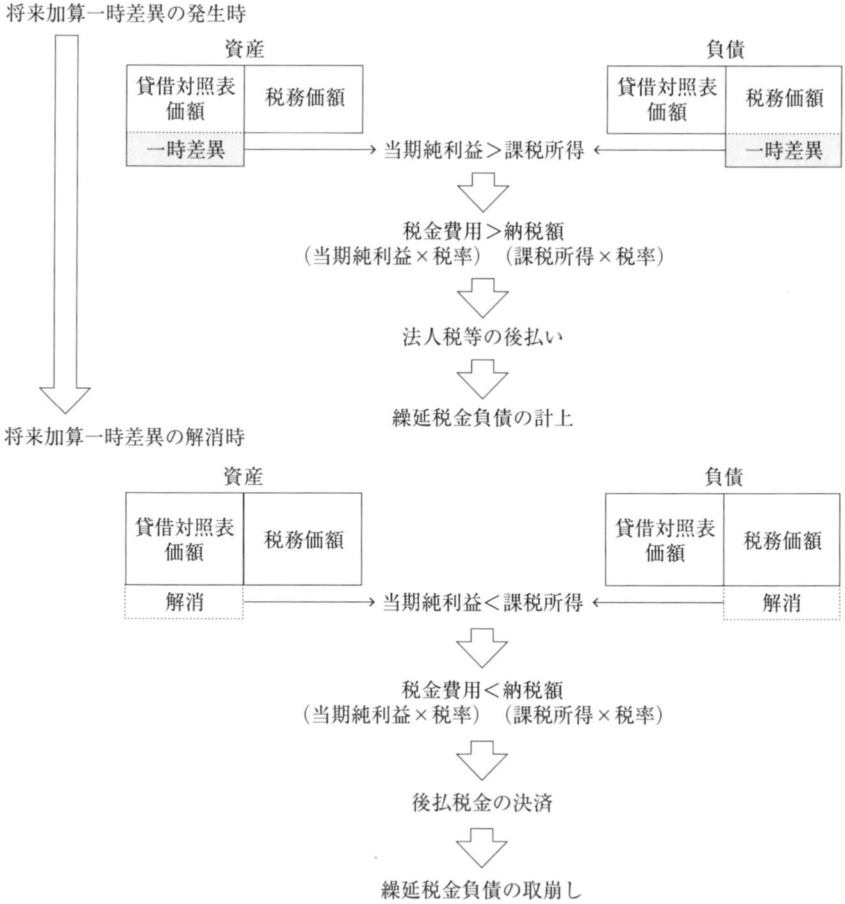

将来加算一時差異の発生時

資産

| 貸借対照表価額 | 税務価額 |
|---|---|
| 一時差異 | |

負債

| 貸借対照表価額 | 税務価額 |
|---|---|
| | 一時差異 |

当期純利益＞課税所得

税金費用＞納税額
（当期純利益×税率）（課税所得×税率）

法人税等の後払い

繰延税金負債の計上

将来加算一時差異の解消時

資産

| 貸借対照表価額 | 税務価額 |
|---|---|
| 解消 | |

負債

| 貸借対照表価額 | 税務価額 |
|---|---|
| | 解消 |

当期純利益＜課税所得

税金費用＜納税額
（当期純利益×税率）（課税所得×税率）

後払税金の決済

繰延税金負債の取崩し

される納税額の増加を，あらかじめ知ることができる。繰延税金負債は，将来加算一時差異額に税率をかけることによって計算される。

繰延税金負債＝将来加算一時差異×法定実効税率

ただし，将来加算一時差異が解消しても，解消年度に十分な一時差異加算前課税所得が期待できないなど，将来の支払いが見込まれない税金は，繰延税金負債として計上しない。将来キャッシュフローの予測に役に立たないからである。

**ポイント**

**将来加算一時差異の将来納税額増加効果は，繰延税金負債で示す。**

［設例 4-9］圧縮積立金の税効果

×1年度期首に100で取得した機械に対して，剰余金の処分として圧縮積立金40を積み立てる。減価償却は会計上も税務上も，耐用年数2年の定額法で実施し，圧縮積立金は2年間にわたって1/2ずつ取り崩すものとする（☞［設例4-3］）。

×1年度末で，資産負債面では，機械の貸借対照表価額50（＝100－50）＞税

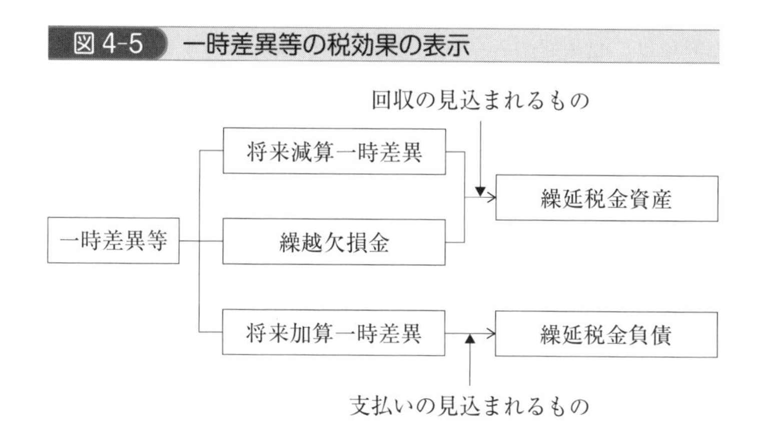

務価額30（＝100－40－50＋20）となるので，将来加算一時差異が20生じる。損益面では，会計利益が課税所得を20上回ることになる。これは，×2年度に減価償却が終了した時点で解消され，×2年度の課税所得計算上加算されるので，納税額を増加させる。税率を0.3とすると，×1年度末に繰延税金負債6（＝20×0.3）が計上される。借方法人税等調整額は，将来の一時差異解消年度の納税額のうち，当年度の税引前当期純利益と対応するために，当年度に費用配分される金額である。

×1年度［会計］（借）法人税等調整額　6　　（貸）繰延税金負債　6

×2年度の税務上の減価償却費は，会計上と同じく50である。ただし，×2年度には，圧縮積立金20が取り崩されて税務価額が増加するので，×2年度末の機会の税務価額は0（＝前期末残高30＋圧縮積立金取崩額20－減価償却費50）となり，×1年度に発生した将来加算一時差異は解消する。圧縮積立金取崩額は，益金算入されるので，20だけ課税所得が会計利益を上回り，納税額が6（＝20×0.3）増える。しかし，この×2年度の納税額増加額は，すでに×1年度において繰延税金負債の計上を通じて後払税金として貸借対照表に記載されているので，×2年度においては，前年度に計上された繰延税金負債を減少させて支払えばよい。

×2年度［会計］（借）繰延税金負債　6　　（貸）法人税等調整額　6

**《まとめ》**

一時差異等は，当年度のみならず将来の納税額に影響する。将来減算一時差異と税務上の繰越欠損金は，当年度納税額を増やすかわりに将来の納税額を減らすという税金の先払効果を有し，将来加算一時差異は，当年度納税額を減らすかわりに将来の納税額を増やすという税金の後払効果を有する。貸借対照表では，税金の先払効果を繰延税金資産，後払効果を繰延税金負債で表す。

［復習問題4］

空欄に当てはまる語句を答えなさい。

［　①　］は，その解消するときにその期の課税所得を［　②　］する効果をもつ。［　③　］は，その解消するときにその期の課税所得を［　④　］する効果をもつ。

将来の課税所得と［　⑤　］可能な［　⑥　］等については，一時差異と同様に取り扱う。一時差異と［　⑥　］等を総称して［　⑦　］という。

［　⑦　］に係る税金の額は，将来の会計期間において回収または支払いが見込まれない税金の額を除き，［　⑧　］または［　⑨　］として計上しなければならない。［　⑧　］については，将来の［　⑩　］の見込みについて［　⑪　］を行わなければならない。

【練習問題 4-1】

不良債権を会計上，×1年度に1,000万円，×2年度に2,000万円，それぞれ貸倒処理し貸倒損失を計上した。しかし，税務上，×1年度に損金算入が認められたのは400万円，×2年に損金算入が認められたのは×1年度貸倒処理分200万円と，×2年度貸倒処理分500万円であった。税率は30%である。

不良債権に係る繰延税金資産の×1年度末および2年度末残高と，×2年度の法人税等調整額を求めなさい。なお，繰延税金資産の回収可能性に問題はない。

【練習問題 4-2】

×1年度期首に補助金400千円を受け取って1,000千円の機械を取得した。この機械の耐用年数は5年，残存価額は0円で定額法によって償却する。×1年度に剰余金処分による積立金方式で圧縮記帳を行った。税率は，40%とする。

取得から償却終了までの各年度におけるこの機械に係る繰延税金資産または繰延税金負債の残高および法人税等調整額の金額を答えなさい。

【練習問題 4-3】

平成31年度に生じた税務上の繰越欠損金が2,000万円ある。平成32年度も業績が回復せず，税務上の欠損金が生じる見込みである。しかし，平成33年度から平成35年度は業績が回復し，各年度で税務上の欠損金の繰越控除前の課税所得が1,000万円生じる予定である。平成36年度以降の業績の見通しはわからない。当年度末の税務上の繰越欠損金に係る繰延税金資産の金額を計算しなさい。税率は30%とする。

# 第5章　税効果会計の意義

学習内容

- ☐　法人税等の会計上の性格
- ☐　税金費用の分類と表示
- ☐　税率変更時の処理
- ☐　税効果会計の目的と必要性

《キーワード》

◦税金費用　◦当年度納付税金費用　◦繰延税金費用
◦税率の変更

## 1　法人税等の性格

法人税等の金額が大きいほど，株主への配当金などの原資となる分配可能額は小さくなるので，法人税等は株主にとって費用といえる。債権者にとっても，法人税等が多いと，会社の債務返済能力は低くなるので，やはり費用になる。従業員や納入業者などにとっても，法人税等は会社の給与や代金の支払い能力を圧迫するので，やはり費用といえる。このように，会社の利害関係者（課税当局となる国や地方自治体を除く。）にとっては，法人税等は企業活動その他の事象によって利益を得たことに伴って生じる費用という性格をもつ。そこで，損益計算書では，最終段階において，法人税等を費用として税引前当期純利益から差し引き，その残額を当期純利益として表示している（☞第11章2）。

発生主義会計では，一般に，企業活動等によって生じた純資産の増加を，それが実現したときに収益として認識し，認識した実現収益と対応関係にある純資産の減少を費用等として期間配分することによって，期間利益を計算する。

法人税等も費用であるならば，適正な期間利益計算のためには，他の費用等と同じように，収益との対応関係に基づいて期間配分されなければならない。

法人税等を発生させる原因となる企業活動等の成果は，損益計算書では，法人税等を差し引く前の税引前当期純利益に集約されて表示されている。したがって，法人税等は，税引前当期純利益と対応関係をもつといえる。そこで，対応原則に基づく適正な期間利益計算のためには，法人税等を税引前当期純利益と対応するように期間配分する必要がある。

## 2　税金費用の会計処理

### (1)　税金費用の分類

当年度の損益計算書に記載されるべき費用としての法人税等は，実際の納税額とは無関係に，税引前当期純利益を生み出した企業活動等に伴って生じるものでなければならない。そのためには，法人税等を税引前当期純利益と対応するように期間配分する必要がある。これは，他の費用等でも，その現金支出年度の損益計算書に記載されるのではなく，対応原則に基づいて期間配分されるのと同じである。

損益計算書に計上される法人税等の費用を**税金費用**とよぶ。税金費用は，永久差異を除くと，その年度の企業活動等の成果が発生主義会計の下で集約された税引前当期純利益との間に，税率を介した対応関係をもたなければならない。そうでなければ，税引後の当期純利益の計算まで，発生主義を貫徹できないからである。

ところが，税法の別段の定めがあるために，税引前当期純利益と課税所得は一致しないので，税引前当期純利益に税率をかけても，その年度の納税額とはならない（☞第2章）。特に一時差異等があると，税引前当期純利益の構成要素と課税所得の構成要素の年度帰属が異なってくるので，当期純利益と課税所得に年度的なズレが生じ，税引前当期純利益に集約された企業活動等の成果を，その年度の課税所得が正確に反映しなくなる（☞第4章）。このため，税引前当期純利益と，課税所得に税率をかけて算出される納税額との間で，税率を介した期間的な対応関係が崩れることになる。

税引前当期純利益と税金費用との期間的な対応関係を維持するためには，税金費用が，税引前当期純利益をもたらした企業活動等から生じる課税所得に税率をかけたものとなるように，法人税等の税額を期間配分する必要がある。このように法人税等を費用として適切に期間配分することによって，税引前当期純利益と法人税等を合理的に対応させる手続を**税効果会計**という（税効果会計基準第一）。税効果会計は，発生主義会計の下での税金費用に対する対応原則の適用形態といえる。

**ポイント**

**税効果会計は，法人税等を費用として対応原則に基づいて期間配分する手続である。**

注意しなければならないのは，税効果会計は，あくまで利害関係者の意思決定に有用な情報を提供するための財務会計上の手続であり，課税所得計算に影響を及ぼすものではない，ということである。したがって，税効果会計を適用してもしなくても，納税額は変わらない。

税金費用は，当年度の課税所得に税率をかけて計算される当年度に納付されるべき法人税等である**当年度納付税金費用**と，一時差異等による法人税等の先払いあるいは後払いとして期間配分される**繰延税金費用**に分かれる。損益計算書上では，当年度納付税金費用は**法人税，住民税及び事業税**，繰延税金費用は**法人税等調整額**として，それぞれ表示される（☞第11章）。

税金費用＝（当期純利益±永久差異）×税率
　　　　＝（当期純利益∓一時差異等±永久差異）×税率±一時差異等×税率
　　　　　　　　⇓　　　　　　　　　　　　　　　⇓
　　　　　当年度納付税金費用　　　　　　　　繰延税金費用

**図 5-1 税金費用の分類**

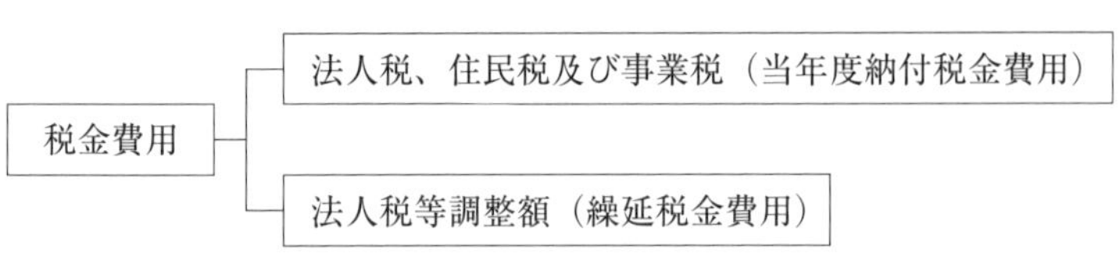


［設例 5-1］税金費用の期間配分の必要性

不良債権 50 を，会計上は×1 年度に，税務上は×2 年度に，それぞれ貸倒処理した（☞［設例 2-4］～［設例 2-6］）。税引前当期純利益を両年度とも 100 とし，貸倒損失以外に差異はないとすると，課税所得は×1 年度 150（＝100＋50），×2 年度 50（＝100－50）となるので，税率を 0.3 とすると，各年度の税引前当期純利益と法人税，住民税及び事業税との関係は次のようになる。

| | ×1 年度 | ×2 年度 |
|---|---|---|
| 税引前当期純利益 | 100 | 100 |
| 法人税、住民税及び事業税（当年度納付税金費用） | 45 | 15 |
| 当期純利益 | 55 | 85 |

各年度とも，税引前当期純利益と法人税，住民税及び事業税との間に，税率 0.3 を介した対応関係は成り立たない。これは，会計上は×1 年度に生じた貸倒損失が，×1 年度の課税所得計算上は損金に算入されず，そのかわり×2 年度の課税所得計算で減算されるからである。このため，各年度の法人税，住民税及び事業税は，その年度の税引前当期純利益を得るのにかかる税金費用を，正しく示さなくなる。

この税引前当期純利益と法人税，住民税及び事業税との関係の歪みの原因となる将来減算一時差異 50 に税率 0.3 をかけた 15 を×1 年度から×2 年度へ期間配分すると，税引前当期純利益，税金費用および当期純利益の関係は次のようになる。

| | ×1年度 | | ×2年度 | |
|---|---|---|---|---|
| 税引前当期純利益 | | 100 | | 100 |
| 法人税、住民税及び事業税（当年度納付税金費用） | 45 | | 15 | |
| 法人税等調整額（繰延税金費用） | △15 | → | 15 | |
| 税金費用 | | 30 | | 30 |
| 当期純利益 | | 70 | | 70 |

×1年度の税金費用は30（＝45－15），×2年度の税金費用も30（＝15＋15）となり，ともに税引前当期純利益との間に，税率0.3を介した対応関係が成立する。これは，税引前当期純利益に反映された企業活動等の成果を基礎として法人税等を期間配分して税金費用を計上したからである。

×1年度の税効果

| 損　益　面 | | 資産負債面 |
|---|---|---|
| 貸倒損失の損金不算入<br>費用等・非損金 | ←申告加算→ | 債権の<br>貸借対照表価額＜税務価額 |
| ↓ | | ↓ |
| 会計利益＜課税所得 | | 将来減算一時差異発生 |
| ↓ | | |
| 税金費用＜納税額 | → | 税金の先払い |

×2年度の税効果

| 損　益　面 | | 資産負債面 |
|---|---|---|
| 貸倒損失の損金算入<br>非費用等・損金 | ←申告減算→ | 債権の<br>貸借対照表価額＝税務価額 |
| ↓ | | ↓ |
| 会計利益＞課税所得 | | 将来減算一時差異解消 |
| ↓ | | |
| 税金費用＞納税額 | → | 先払税金による穴埋め |

### (2)　将来減算一時差異等の会計処理

将来減算一時差異と税務上の繰越欠損金が発生したときには，法人税，住民税及び事業税が将来の解消年度から当年度に繰り上げられて前倒しで支払われることになるので，発生主義会計の立場からは，将来減算一時差異等の発生年度に，将来の法人税等を先払いしたことになる（☞第4章2，3）。この税金の先払現象を仕訳で表せば，次のようになる。

（借）繰延税金資産　××　（貸）法人税等調整額　××

貸借対照表に記載される繰延税金資産は先払税金としての性格をもち，貸方の法人税等調整額は税金費用を適正に示すために損益計算書上で当年度納付税金費用から減額されるマイナスの繰延税金費用である。貸方の法人税等調整額を法人税，住民税及び事業税から減額（したがって，税引前当期純利益には増額）することによって，当年度の税金費用は先払分だけ減少する（当期純利益は先払分だけ増加する）。

将来減算一時差異等が解消して税金の先払状態が消滅したときには，逆の仕訳を行う。

（借）法人税等調整額　××　（貸）繰延税金資産　××

これによって，先払税金としての性格をもつ繰延税金資産は貸借対照表から除かれるとともに，解消年度の税金費用は法人税等調整額だけ増加する（当期純利益は減少する）。

[設例 5-2]　将来減算一時差異の会計処理

［設例 5-1］では，将来減算一時差異 50 が，×1 年度に発生し，×2 年度に解消するので，×1 年度の当年度納税額 45 のうち 15（＝50×0.3）が法人税等の先払いとなり，それは貸借対照表で繰延税金資産として表示される。そのための×1 年度の会計処理を仕訳で表すと，次のようになる。

×1 年度（借）繰延税金資産　15　（貸）法人税等調整額　15

×2 年度に，将来減算一時差異が解消すると，課税所得が 50 減少するので，当年度納税額も 15 減少する。これは×2 年度の税金費用の一部が，すでに×1 年度に先払いされているため，×2 年度では支払わずに済んだことを意味する。このことを仕訳で表現すると，次のようになる。

×2 年度（借）法人税等調整額　15　（貸）繰延税金資産　15

このように，将来減算一時差異の法人税等の先払効果を，損益計算書では法人税等調整額を通じて法人税，住民税及び事業税に加減して税金費用を示し，これを税引前当期純利益から差し引いて当期純利益を計算するのが一般的である。これによって，税引前当期純利益と法人税等との対応関係を，適切に示すことができるからである（☞第11章2）。

**図5-2　損益計算書上での税金費用の表示**

| ・・・ | | |
|---|---|---|
| 税引前当期純利益 | ××× | ① |
| 法人税、住民税及び事業税（当年度納付税金費用） | ××× | ② |
| 法人税等調整額（繰延税金費用） | ××× | ③ |
| 法人税等合計（税金費用） | ××× | ④＝②＋③ |
| 当期純利益 | ××× | ①－④ |

しかし，資産の評価替えにより生じた評価差額を純資産直入する場合のように，損益計算書を経由せず純資産が直接増減し，かつ課税所得計算に含められないときには，評価差額が税引前当期純利益に含まれていないので，評価差額に対応する繰延税金費用を，当年度納付税金費用に加減すると，税引前当期純利益と税金費用と間の対応関係が歪められることになる。そこで，繰延税金費用を法人税等調整額として法人税，住民税及び事業税に加減するのではなく，評価差額から差し引いて，貸借対照表の純資産の部に記載する（税効果会計基準第二・二3ただし書き）（☞第7章3（4））。この結果，評価差額に繰延税金資産または繰延税金負債を加えた金額が一時差異額となる。これに対して，同じく損益計算書を経由しなくても，課税所得計算には含められる，たとえば積立金方式による圧縮記帳では，それだけ当年度納付税金費用（法人税，住民税及び事業税）が増減し，それが当期純利益に影響するので，その繰延税金費用は法人税等調整額として損益計算書に記載されることになる（☞第9章2（2），3（2））。

**ポイント**

**純資産直入される評価差額に対する繰延税金資産または繰延税金負債の計上額（繰延税金費用）は，評価差額から直接控除する。**

［設例 5-3］評価差額の会計処理

期末にその他有価証券（取得原価 100）を時価 80 に評価替えした。ただし，税務上は評価替えは認められない。税率は 0.3 とする。

評価差額 20（＝100－80）を評価損として損益計算書に計上すると，仕訳は次のようになる。

［会計］（借）有価証券評価損（P/L）　20　　（貸）その他有価証券（B/S）　20
［税務］仕訳不要

その他有価証券の貸借対照表価額＜税務価額となって，将来減算一時差異 20 が生じるので，先払税金 6（＝20×0.3）を繰延税金資産として計上する。

［会計］（借）繰延税金資産（B/S）　6　　（貸）法人税等調整額（P/L）　6

これに対して，評価差額を純資産直入するときの仕訳は，次のようになる。

［会計］（借）その他有価証券評価差額金（B/S）　20　　（貸）その他有価証券（B/S）　20
［税務］仕訳不要

将来減算一時差異が発生することに変わりはないけれども，評価差額が損益計算書に計上されず，税引前当期純利益に反映されないことから，将来減算一時差異の税金の先払効果も法人税等調整額として損益計算書に記載する必要はなく，その他利益剰余金となる評価差額を直接減額する。

［会計］（借）繰延税金資産（B/S）　6　　（貸）その他有価証券評価差額金（B/S）　6

この結果，その他有価証券評価差額金は 14（＝20－6）となり，これに繰延税金資産 6 を加えた 20 が将来減算一時差異と一致する。

税引前当期純利益と税金費用の関係を，評価差額を評価損として損益計算書に計上した場合と純資産直入した場合とで比較すると，次のようになる。なお，評価損計上前の利益（＝課税所得）を 120 とする。

| | 評価損計上 | | 純資産直入 | |
|---|---|---|---|---|
| 評価損計上前利益 | | 120 | | 120 |
| 評価損 | | 20 | | 0 |
| 税引前当期純利益（A） | | 100 | | 120 |
| 法人税、住民税及び事業税 | 36 | | 36 | |
| 法人税等調整額 | △6 | | 0 | |
| 法人税等合計（B） | | 30 | | 36 |
| 当期純利益 | | 70 | | 84 |
| B/A | | 0.3 | | 0.3 |

純資産直入の場合に法人税等調整額を計上しないことによって，評価損を計上した場合と同様に，ともに税引前当期純利益と税金費用との間に，税率を介した対応関係が維持される。

なお，純資産直入した場合に，翌年度に評価替えの洗替処理を行うと，将来減算一時差異は解消するので，その仕訳は次のようになる。

［会計］（借）その他有価証券(B/S)　20　（貸）その他有価証券評価差額金(B/S)　14
繰延税金資産(B/S)　6

［税務］仕訳不要

**［設例 5-4］ 税務上の繰越欠損金の会計処理**

×1年度から×3年度までの税務上の所得または欠損金が次の通りで，税率を0.3とする（☞［設例4-5］）。

| | ×1年度 | ×2年度 | ×3年度 |
|---|---|---|---|
| 所　得 | — | 1,000 | 1,000 |
| 欠損金 | 800 | — | — |

×1年度に税務上の繰越欠損金が発生し，×2年度と×3年度の納税額を減少させるので，繰延税金資産を240（＝800×0.3）計上する。

×1年度［会計］（借）繰延税金資産　240　（貸）法人税等調整額　240

×2年度に繰越欠損金500を損金に算入することによって納税額が150（＝500×0.3）減少するので，繰延税金資産を同額減額する。

×2年度［会計］（借）法人税等調整額　150　（貸）繰延税金資産　150

×3年度に繰越欠損金残高300を損金に算入することによって当年度納税額

が90（＝300×0.3）減少するので，繰延税金資産を同額減額する。

×3年度［会計］（借）法人税等調整額　90　（貸）繰延税金資産　90

これによって，最終的に繰延税金資産の残高は0になる。

### (3)　将来加算一時差異の会計処理

将来加算一時差異が発生したときは，対応原則の観点からは，発生年度に負担すべき法人税等の支払いが，発生年度から将来の解消年度に延期されるので，解消年度に当年度の法人税等を後払いすることになる。これを仕訳で表せば，次のようになる。

（借）法人税等調整額　××　（貸）繰延税金負債　××

繰延税金負債は後払税金としての性格をもつ。当年度の税金費用を適正に示すためには，後払分だけ繰延税金費用である法人税等調整額を増やさなければならない（当期純利益は後払分だけ減少する）。将来加算一時差異等が解消して税金の後払状態が消滅したときには，次の仕訳を行う。

（借）繰延税金負債　××　（貸）法人税等調整額　××

これによって，後払税金としての性格をもつ繰延税金負債は貸借対照表から除かれるとともに，解消年度の税金費用は法人税等調整額だけ減少する。

評価差額が純資産直入されている場合に生じる繰延税金費用も，法人税等調整額として損益計算書に計上することなく，評価差額から直接差し引く（税効果会計基準第二・二3ただし書き）。

**[設例5-5]** 純資産直入される将来加算一時差異の会計処理

期末にその他有価証券（取得原価100）を時価120に評価替えした。ただし，税務上は評価替えは認められない。税率は0.3とする。

その他有価証券の期末時価が取得原価を上回っていても，損益計算書に評価益は計上されず，評価差額20（＝100－80）は純資産直入される。そのときの仕訳は次のようになる。

［会計］（借）その他有価証券(B/S)　20　（貸）その他有価証券評価差額金(B/S)　20
［税務］仕訳不要

評価差額は，税引前当期純利益に反映されないことから，将来加算一時差異の税金の後払効果も，法人税等調整額として損益計算書に記載するのではなく，その他利益剰余金となる評価差額を直接減額する。

［会計］（借）その他有価証券評価差額金（B/S）　6　　（貸）繰延税金負債（B/S）　6

なお，翌年度に評価替えの洗替処理を行うと，将来加算一時差異は解消するので，その仕訳は次のようになる。

［会計］（借）その他有価証券評価差額金（B/S）　14　　（貸）その他有価証券（B/S）　20
　　　　　　繰延税金負債（B/S）　6

## 3　税率の変更

税制改正によって，法人税等の税率が変更されることがある。一時差異等が発生して解消するまでの間に税率が変更されると，一時差異等の発生年度と解消年度のどちらの税率を適用して，繰延税金資産・繰延税金負債を計算すべきかが問題となる。

税率変更があったときの会計処理には，一時差異等の発生年度の税率を適用して繰延税金資産・繰延税金負債を計算する方法と，一時差異等の解消年度の税率を適用して繰延税金資産・繰延税金負債を計算する方法の2つがある。発生年度の税率を適用する方法を**繰延法**とよび，解消年度の税率を適用する方法を**資産負債法**とよぶ[*)]。

繰延法を採用すると，一時差異等が解消するまでに税率の変更があっても，いったん計上された繰延税金資産・繰延税金負債の金額が修正されることはな

＊）繰延法とか資産負債法という用語は，単なる税率変更時の会計処理方法としてではなく，もっと広く税効果会計の手続全体を分類する概念として使われることがある。収益費用アプローチに基づく税効果会計の方法が繰延法であり，資産負債アプローチに基づく税効果会計の方法が資産負債法であるとする2項対立論議である。この考え方によると，収益費用アプローチでは，会計上の収益・費用等と税務上の益金・損金の年度帰属が問題となるので，繰延法によると，期間差異が税効果会計の対象となり，差異発生年度の税引前当期純利益と税金費用との対応関係を合理化することを重視して，差異発生時の税率を使って繰延税金資産・繰延税金負債を計算することになる。その後に税率の変更があっても，差異が解消されるまで，税率変更の影響を利益計算に反映させることはしない。これに対して，資産負債アプローチでは，将来の税金キャッシュフローへの影響が問題となるので，資産負債法によると，一時差異等が税効果会計の対象となり，貸借↗

い。そして，解消年度の納税額の計算には，繰延税金資産・繰延税金負債の計上時に適用された税率とは異なる税率が適用されるため，解消年度における納税額の減少（増加）額と繰延税金資産（負債）計上額は，一致しなくなる。これでは，貸借対照表に記載される繰延税金資産や繰延税金負債は，将来の納税額の増減を正確に示さなくなり，貸借対照表は将来のキャッシュフロー予測に役立つ情報を提供できなくなってしまう。また，損益計算書上でも，税率変更の税金費用に及ぼす影響が，変更年度ではなく解消年度になって初めて認識されることになり，解消年度の期間利益計算が歪められてしまうどころか，税率変更年度の期間利益計算に税率変更という経済事象の影響が反映されないという問題も生じる。

資産負債法によると，貸借対照表に記載される繰延税金資産（負債）は，将来の納税額の減少（増加）を示すので，貸借対照表は将来キャッシュフローの予測に役立つ情報を提供できる。そこで，税効果会計基準は，資産負債法を採用し，繰延税金資産が回収されると見込まれる年度，または繰延税金負債の支払いが行われると見込まれる年度の税率に基づいて，繰延税金資産・繰延税金負債を計算することにしている（税効果会計基準第二・二 2）。

もっとも一時差異等の発生時には，将来に税率が変更されるかどうかはわからないのが普通だから，あらかじめ一時差異等の解消時の税率で繰延税金資産・繰延税金負債を計算することなど無理である。そこで，一時差異等の発生時には，その年度の決算日において国会で成立している税法に基づく税率で繰延税金資産・繰延税金負債を計上しておき（税率指針 5, 6），その後，税率が変更されたときには，変更年度において，変更後の税率を用いて繰延税金資産・

---

↘ 対照表で将来の税金キャッシュフローの予測に役立つ情報を提供することが求められるので，差異解消年度の税率を使って繰延税金資産・繰延税金負債を計算することになる。

事実，税効果会計をめぐる議論は，このような整理に基づいた展開を，歴史的にはたどってきた。しかし，繰延法では，税率変更の影響が差異解消年度に初めて認識されることになり，税率変更年度の財務諸表には反映されない。これで果たして，実態に即した利益計算といえるのか，税率変更の影響を損益として変更年度に認識した方が，税引前当期純利益と税金費用とを合理的に結びつけることができるのではないか，といった批判が，収益費用アプローチの立場からもあり得る。このような議論に深入りすると，そうでなくてもややこしい税効果会計が，ますますわかりにくくなり，そのわりには実益もないので，とにかく入門段階では，繰延法と資産負債法を税率変更時の会計処理方法と理解して，先に進んだ方が賢明である。

繰延税金負債を再計算し，修正差額は法人税等調整額に含めて損益計算書に計上する（税効果会計基準注解（注6）（注7））。ただし，資産の評価替えによって生じた評価差額が純資産直入されている場合には，その評価差額に関連する繰延税金資産または繰延税金負債の修正額を評価差額に加減する。

**ポイント**

**税率の変更があったら，繰延税金資産・繰延税金負債を修正する。**

［設例5-6］税率変更時の会計処理

不良債権50を，会計上は×1年度に，税務上は×3年度に，それぞれ貸倒処理した。×1年度の税率は0.3であったが，×2年度に税制改正があって税率が0.3から0.2に引き下げられ，×3年度も税率0.2が適用される。税引前当期純利益を各年度とも100とし，貸倒損失以外に差異はないとする。

繰延法によると，次のように処理する。

×1年度

税率は0.3なので，法人税，住民税及び事業税は45（＝(100＋50)×0.3)，また繰延税金資産は15（＝50×0.3）となる。

| | | | | |
|---|---|---|---|---|
| ［会計］ | （借）貸倒損失 | 50 | （貸）債　　権 | 50 |
| | （借）繰延税金資産 | 15 | （貸）法人税等調整額 | 15 |

×2年度

繰延法なので，税率が変更されても，繰延税金資産を修正しない。

［会計］仕訳不要

×3年度

法人税，住民税及び事業税は10（＝(100－50)×0.2)，また繰延法なので法人税等調整額は×1年度に計上された税率変更前の繰延税金資産計上額15になる。

| | | | | |
|---|---|---|---|---|
| ［会計］ | （借）法人税等調整額 | 15 | （貸）繰延税金資産 | 15 |

各年度の税引前当期純利益と税金費用との関係は，次のようになる。

| | ×1年度 | | ×2年度 | | ×3年度 | |
|---|---|---|---|---|---|---|
| 税引前当期純利益 | | 100 | | 100 | | 100 |
| 法人税，住民税及び事業税 | 45 | | 20 | | 10 | |
| 法人税等調整額 | △15 | | 0 | | 15 | |
| 法人税等合計 | | 30 | | 20 | | 25 |
| 当期純利益 | | 70 | | 80 | | 75 |

×1年度においては，税引前当期純利益と税金費用との間には，当時の税率0.3を介した対応関係が認められる。しかし，×3年度における繰延税金資産の取崩額は15となるのに対して，実際の納税額の減少は10（＝50×0.2）である。したがって，税率が0.2に引き下げられてから以降は，繰延税金資産は将来の納税額の減少見込みを5（＝15－10）だけ過大に示していたことになる。さらに，×3年度には，税引前当期純利益と税金費用との間に，税率0.2を介した対応関係も認められない。

一方，資産負債法による処理は次のようになる。

×1年度

［会計］（借）貸 倒 損 失　50　（貸）債　　権　50
　　　　（借）繰延税金資産　15　（貸）法人税等調整額　15

×2年度

資産負債法なので，税率が0.3から0.2に引き下げられたことに伴い，繰延税金資産も10（＝50×0.2）に減額する。

［会計］（借）法人税等調整額　5　（貸）繰延税金資産　5

×3年度

［会計］（借）法人税等調整額　10　（貸）繰延税金資産　10

各年度の税引前当期純利益と税金費用との関係は，次のようになる。

| | ×1年度 | | ×2年度 | | ×3年度 | |
|---|---|---|---|---|---|---|
| 税引前当期純利益 | | 100 | | 100 | | 100 |
| 法人税，住民税及び事業税 | 45 | | 20 | | 10 | |
| 法人税等調整額 | △15 | | 5 | | 10 | |
| 法人税等合計 | | 30 | | 25 | | 20 |
| 当期純利益 | | 70 | | 75 | | 80 |

税率が引き下げられた×2年度には，税金費用が5増加し，それだけ当期純利益が繰延法に比べて少なくなる。これは，×2年度の税率の引下げによって，将来減算一時差異の将来の納税額の減少効果が失われたことを反映したものである。これによって，×2年度末の繰延税金資産は，×3年度における納税額の減少見込みを正しく示すことになる。また，×3年度には，税引前当期純利益と税金費用との間に，税率0.2を介した対応関係が認められる。

## 4　税効果会計の目的と必要性

法人税等を費用とみるかぎり，発生主義会計の下で期間利益を適正に計算するためには，法人税等も実現収益との対応関係に基づいて期間配分されなければならない。法人税等は利益に関連する金額を課税標準とする税金であるから，各年度に計上される税金費用は，その年度に認識された利益に関連するものでなければならない。しかし，税引前当期純利益と課税所得は一致しないのが普通だから，課税所得に税率をかけて算出される当年度納税額と税引前当期純利益との対応関係には歪みが生じる。

会計と税務の差異のうち永久差異については，いつまでたっても解消されることはないので，永久差異による対応関係の歪みを補正することはできない。むしろ，永久差異による対応関係の歪みは，その年度の企業活動等に伴う税金費用として損益計算書に示され，期間利益計算に反映されるべきである。

一方，一時差異等はそのうち解消されるので，発生年度から解消年度までの期間を通算すれば，税引前当期純利益と法人税等との対応関係は成り立つ。この関係を各年度ごとに成り立たせるために，法人税等を費用として期間配分する税効果会計が必要とされるのである。これによって，各年度の当期純利益は，その年度における企業活動等からの税負担後の最終的な成果を表すことになり，企業業績の評価に役立てることができる。

さらに，投資意思決定への有用性が重視される最近の風潮の下では，当年度における企業活動等からもたらされる将来の納税額の予測に役立つ情報の提供も重要になる。企業価値は，その企業に将来もたらされるキャッシュフローの金額と時期およびこれらの不確実性などによって決まるので，投資意思決定にあたっては，これらの予測に役立つ情報が必要だからである。日本企業の法定実効税率が30パーセントに近いことからもわかるように，課税所得の約3分の1が法人税等として支払われることは，一時差異等による法人税等の先払いや後払いの効果による将来の納税額の増減も将来キャッシュフローに大きな影響を及ぼすことを意味する。したがって，その情報は投資意思決定にとって重要な情報になる。このように，将来の納税額の減少（増加）を繰延税金資産（負債）によって示すことも，税効果会計の重要な目的となっている。

**ポイント**

税効果会計の目的

- ▶損益面：税引前当期純利益と税金費用との合理的な対応計算による適正な税引後の業績表示
- ▶資産負債面：将来の税金キャッシュフローの予測に役立つ情報の提供

**《まとめ》**

税効果会計は，法人税等の税金費用を，他の費用等と同様に，収益（税引前当期純利益）に合理的に対応づけて期間配分する手続である。これによって，損益計算書上で，対応原則に基づく適正な期間利益計算を行い，企業の税引後の最終的な期間業績を当期純利益として示すとともに，貸借対照表を通じて将来の納税額の予測に役立つ情報を提供する。

［復習問題5］

空欄に当てはまる語句を答えなさい。

［ ① ］と［ ② ］の差額を期首と期末で比較した増減額は，当期に納付すべき［ ③ ］の調整額して計上しなければならない。ただし，資産の評価替えにより生じた［ ④ ］が直接純資産の部に計上されている場合には，当該［ ④ ］に係る［ ① ］または［ ② ］を当該［ ④ ］から［ ⑤ ］して計上するものとする。

［ ① ］及び［ ② ］の金額は，［ ⑥ ］の税率に基づいて計算する。

法人税等について税率の変更があった場合には，［ ⑦ ］に計上された［ ① ］及び［ ② ］を［ ⑧ ］に基づき［ ⑨ ］するものとする。法人税等について税率の変更があったこと等により［ ① ］及び［ ② ］の金額を修正した場合には，［ ⑩ ］を［ ⑪ ］に加減して処理する。ただし，資産の評価替えにより生じた［ ④ ］が直接純資産の部に計上される場合において，当該［ ④ ］に係る［ ① ］及び［ ② ］の金額を修正したときは，［ ⑩ ］を［ ④ ］に加減して修正するものとする。

【練習問題5-1】

次の〔資料〕に基づいて，損益計算書の税引前当期純利益以下の記載を示しなさい。税率は30％とする。

〔資料〕

| | |
|---|---|
| ▶税引前当期純利益 | 450,000千円 |
| ▶受取配当金の益金不算入額 | 800 |
| ▶損金不算入法人税・住民税 | 179,300 |
| ▶損金不算入事業税 | 30,700 |
| ▶前期事業税当期支払額 | 50,000 |
| ▶損金不算入役員賞与 | 80,000 |
| ▶損金不算入退職給付費用 | 180,000 |
| ▶損金不算入賞与引当金繰入額 | 36,000 |
| ▶損金不算入貸倒引当金繰入額 | 4,500 |
| ▶交際費の損金不算入額 | 300 |

【練習問題5-2】

×1年度末に不良債権500万円を会計上，貸倒処理したが，税務上は損金不算入になった。×2年度末に，×1年度において貸倒処理した不良債権のうち300万円を税務上，損金に算入した。不良債権処理に係る×2年度末における繰延税金資産残高および×2 年度の法人税等調整額を求めなさい。なお，×2 年度に税率が 40%から 30%へ引き下げられた。

# 第６章　法人税等

学習内容

□　法人税・住民税と事業税の税務上の取扱いの相違

□　事業税の税効果

《キーワード》

◦法人税等　　◦事業税

## 1　法人税等の税務上の取扱い

法人税等は，会計上はまとめて費用として扱われるけれども，税務上は，法人税・住民税（住民税の国税版である地方法人税を含む。以下，同じ。）と事業税とでは，取扱いが異なる。法人税・住民税は，税務上，永久に損金不算入とされる（☞第３章２（4））。その理由は，いろいろ説明されるけれども，過去には法人税・住民税の損金算入が認められていた時代もあったくらいで，決定的といえるほどの根拠はない。法人税・住民税は所得から支払われる税金であり，課税所得はその担税力の指標なのだから，それは税金を支払う前の金額で測定されるべき，ということのようである。

これに対して，同じく法人税等に含まれても，事業税は，税務上，損金に算入できる*)。その理由は，事業税は，法人税・住民税のように所得に対して課される税金ではなく，企業が事業活動に際して受ける行政サービスの対価として支払われるものであるから，他の経費と同じように損金性があり，課税標準がたまたま法人税と同じ課税所得金額になっただけ，ということである。

---

*）事業税は，所得割だけでなく，付加価値割と資本割も翌年度に損金算入できる（☞第１章１（*））。

事業税は損金に算入されるけれども，問題は，その損金算入時期である。会計上は，他の費用等と同様に，発生した年度で認識されるべきである。それは，行政サービスの消費と引き換えに得られた企業活動の成果が利益として損益計算書に計上された年度になるから，課税所得が発生した年度の費用として計上されることになる。

一方，税務上は，その事業税に係る確定申告が行われた年度に損金に算入する実務が行われている。これは，事業税はその租税債務が確定してはじめて損金算入されるべきであり，租税債務は確定申告によって確定するという考え方による。確定申告は，対象年度終了後，原則として２か月以内に行われる（☞第１章２)。確定申告によってはじめて租税債務が確定するならば，期末には租税債務はまだ確定していないことになるので，税務上は，事業税が発生して損益計算書に記載される年度，すなわち当年度の翌年度に損金に算入される。つまり，会計上は，事業税のかかる課税所得が発生した年度末に，税金費用の計上に伴う租税債務である未払事業税が負債計上されるのに対して，税務上は，翌年度になって確定申告をしたときにはじめて租税債務が認識され損金に算入される。

**ポイント**

**法人税・住民税は損金不算入となる永久差異。**
**事業税は翌年度に損金算入される一時差異。**

## 2　事業税の税効果

税引前当期純利益に対応して発生した事業税が，法人税，住民税及び事業税に含められて損益計算書に記載され，未払事業税が貸借対照表に記載されると，損益面では，事業税の発生した年度では，事業税は費用等・非損金と損金不算入となって申告加算されるので，会計利益＜課税所得したがって税金費用＜納税額となる。翌年度になって事業税を支払うと，非費用等・損金と損金算入となって申告減算されるので，会計利益＞課税所得したがって税金費用＞納税額となる。発生年度に先払いした税金で解消年度の納税額が穴埋めされるのである。資産負債面では，事業税の発生によって，未払事業税の貸借対照表価額＞税務価額という将来減算一時差異が発生するので，繰延税金資産を計上する。翌年度の申告・納税によって，会計上も税務上も租税債務は消滅し，未払事業税の貸借対照表価額＝税務価額となり，将来減算一時差異は解消するので，繰延税金資産を取り崩す。

**図6-1　事業税の税効果**

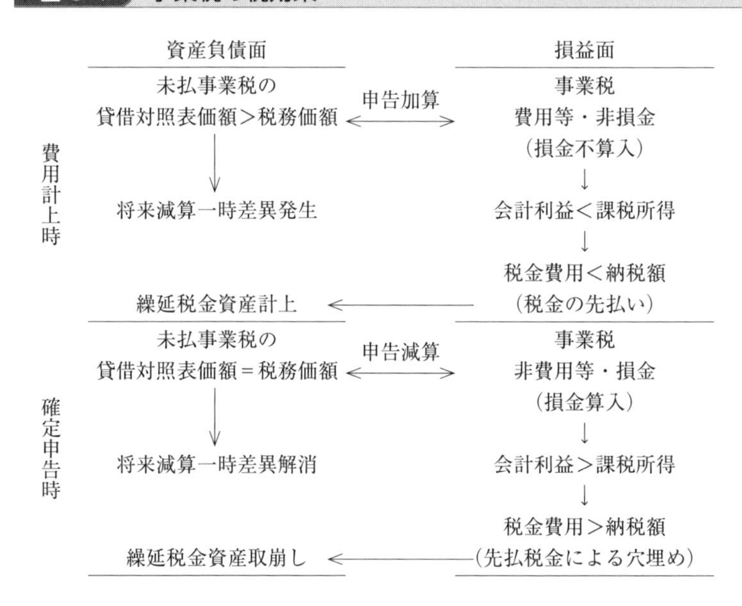


［設例6-1］事業税の税効果会計

当年度の事業税が800であり，翌年度初めに申告・納付した。税率は0.3とする。

会計上は当年度に費用計上されるが，税務上は翌年度に損金算入されるので，損益面では，当年度の事業税が費用等・非損金と損金不算入となって申告加算され，会計利益＜課税所得となり，翌年度には，事業税が非費用等・損金と損金算入されて申告減算され，会計利益＞課税所得となる。資産負債面では，当年度末に会計上は税務当局に対する租税債務が計上されるのに対して，税務上は計上されないので，未払事業税の貸借対照表価額＞税務価額となる将来減算一時差異が生じる。よって，繰延税金資産240（＝800×0.3）を計上する。

［会計］（借）法人税，住民税及び事業税　800　（貸）未払法人税等　800
［税務］仕訳不要
［会計］（借）繰延税金資産　240　（貸）法人税等調整額　240

翌年度に事業税を実際に支払うと，会計上も税務上も租税債務が消滅して将来減算一時差異が解消するので，繰延税金資産を取り崩す。

［会計］（借）未払法人税等　800　（貸）現　金　800
［税務］（借）法人税，住民税及び事業税　800　（貸）現　金　800
［会計］（借）法人税等調整額　240　（貸）繰延税金資産　240

**《まとめ》**

法人税等を構成する税金のうち，法人税・住民税と事業税とでは，税務上の取扱いが異なる。法人税・住民税は永久差異であるのに対して，事業税は一時差異になる。したがって，事業税は税効果会計の適用対象となる。

［復習問題6］

空欄に当てはまる語句を答えなさい。

法人税等に含まれる税金のうち，法人税および住民税（地方法人税を含む。）は，［　①　］に損金［　②　］とされる。これに対して，事業税は，損金［　③　］されるが，その時期は［　④　］の行われる［　⑤　］になる。したがって，事業税を損益計算書に計上した年度で［　⑥　］一時差異が生じるので，［　⑦　］を計上する。

**【練習問題6-1】**

前期末に費用計上した未払事業税250千円を，当期初めに納付するとともに，当期末に未払事業税380千円を計上した。事業税に係る当期末繰延税金資産または繰延税金負債と当期の法人税等調整額の金額を答えなさい。税率は30％とする。

【練習問題 6-2】

次の〔資料〕に基づいて，損益計算書の次の個所を完成させなさい。ただし，税率は30％とする。

・・・・・・・・・・

| | |
|---|---|
| 税引前当期純利益 | 231,360 千円 |
| 　法人税，住民税及び事業税 | (　　　　) 千円 |
| 　法人税等調整額 | (　　　　) 千円 |
| 　法人税等合計 | (　　　　) 千円 |
| 当期純利益 | (　　　　) 千円 |

〔資料〕

1. 当年度分の確定申告により負担すべき税金は，次の通りである。
　年間法人税額　53,000 千円
　年間住民税額　11,600 千円
　年間事業税額　10,500 千円（うち，資本割および付加価値割合計 1,400 千円）
2. 当年度中に次の税金を支払っている。
　前年度分法人税納付額　24,000 千円
　前年度分住民税納付額　5,000 千円
　前年度分事業税納付額　4,800 千円（うち，資本割および付加価値割合計 1,000 千円）
　当年度法人税中間納付額 26,000 千円
　当年度住民税中間納付額 5,800 千円
　当年度事業税中間納付額 2,400 千円（うち，資本割および付加価値割合計 500 千円。仮払金に含めている。）
3. 前年度分の事業税総額は 9,000 千円（うち，資本割および付加価値割合計 1,700 千円）であった。
4. 当年度における上記以外の一時差異等の発生・解消は，次の通りである。

| | 発　生 | 解　消 |
|---|---|---|
| 将来減算一時差異 | 24,900 千 | 19,600 千円 |
| 将来加算一時差異 | 6,000 千円 | 2,000 千円 |

# 第７章　資産の期末評価

学習内容

- □ 貸倒引当金の税効果
- □ 貸倒損失の税効果
- □ 有価証券評価損の税効果
- □ その他有価証券評価差額金の税効果
- □ ヘッジ会計適用時の税効果会計
- □ 棚卸資産の期末評価の税効果
- □ 固定資産の減損の税効果

《キーワード》

◦貸倒引当金　◦貸倒損失　◦その他有価証券評価差額金
◦繰延ヘッジ損益　◦減損損失

## 1　貸倒引当金

受取手形，売掛金，貸付金などの金銭債権の期末残高のうち将来回収不能になると見込まれる金額は，会計上は貸倒引当金に繰り入れられ，その繰入額は当年度に費用計上される。しかし，法人税法は，損金の厳格な年度帰属を重視して，まだ回収不能であることが確定していない貸倒引当金を，金融機関や中小会社などを除いて認めず，将来，実際に回収不能になったことが確定した時にはじめて，貸倒損失を損金に算入することにしている。

評価性引当金である貸倒引当金が計上されると，資産負債面では，それに関連する債権の貸借対照表価額が貸倒引当金と相殺されて減少するのに対して，税務上は貸倒引当金が計上されないので，貸倒引当金と相殺後の債権の貸借対照表価額が税務価額を貸倒引当金相当額だけ下回る一時差異が生じる。この差異に相当する貸倒引当金繰入額は，貸倒引当金計上年度には費用等・非損金となって申告調整で加算され，将来に貸倒れが確定して貸倒引当金が取り崩される年度に非費用等・損金（差額補充法の場合）または収益・非益金（洗替法の場合）となって申告調整で減算されるので，将来減算一時差異となる。

損益面では，貸倒引当金計上時に，会計上だけ貸倒引当金繰入額が費用として認識されるので，会計利益＜課税所得したがって税金費用＜納税額となる。貸倒引当金戻入時には，税務上だけ貸倒損失が損金算入されるか（差額補充法の場合），会計上だけ貸倒引当金戻入益が認識される（洗替法の場合）ので，会計利益＞課税所得したがって税金費用＞納税額となる。このように，貸倒引当金は，その繰入時に法人税等を先払いし，戻入時には，その年度に発生する税金費用の支払いを減らすという法人税等の先払現象を生じさせる。

**ポイント**

**中小企業と金融機関を除いて，貸倒引当金は将来減算一時差異。**

[設例 7-1] 貸倒引当金の税効果(1)

金融機関ではない大会社が×1 年度末の金銭債権に対して，貸倒引当金を 100 繰り入れたときの処理は次の通りである。

[会計]（借）貸倒引当金繰入　100　　（貸）貸倒引当金　100
[税務] 仕訳不要

よって，債権の貸借対照表価額＜税務価額という将来減算一時差異 100 が生じる。税率を 0.3 とすると，この差異の将来納税額の減少効果は 30（＝100×0.3）なので，これを繰延税金資産として計上する。

[会計]（借）繰延税金資産　30　　（貸）法人税等調整額　30

翌年度に，貸倒引当金を洗い替えたときの処理は，次のようになる。

[会計]（借）貸倒引当金　100　　（貸）貸倒引当金戻入額　100
[税務] 仕訳不要

この処理の結果，貸倒引当金がなくなるので，×1 年度に生じた将来減算一時差異が解消する。よって，繰延税金資産を取り崩す。

［会計］（借）法人税等調整額　30　　（貸）繰延税金資産　30

**［設例 7-2］** 貸倒引当金の税効果(2)

×１年度末の貸倒引当金が 100，×２年度末の貸倒引当金が 150 のときには，税率を 0.3 とすると，税効果会計の処理は次のようになる。

×１年度

［会計］（借）繰延税金資産　30　　（貸）法人税等調整額　30

×２年度末の繰延税金資産は 45（＝150×0.3）となるので，期首残高 30 から 15 だけ増やせばよい。

×２年度

［会計］（借）繰延税金資産　15　　（貸）法人税等調整額　15

## 2　貸倒損失

会計上，貸倒損失は，倒産処理手続によって法的に債権が消滅した場合はもちろん，まだ倒産処理手続を経ていなくても回収不能な金額については認識される。ただ，債権が法的に切り捨てられた場合を除いて，回収不能な金額を正確に確定することは，実務上は難しい。とはいっても，回収不能のおそれのある債権については，早めに貸倒損失を認識することが，保守主義の観点からは望まれる。このため，会計上は貸倒損失と貸倒引当金の繰入れとの境界が曖昧になることが多い。これに対して，法人税法は，公平な課税所得計算と課税の画一処理のために，貸倒損失の損金算入要件を厳格に定めている。この結果，貸倒損失の税務上の損金算入時期は，会計上の認識時期よりも遅れることが多い。

貸倒損失が，会計上は認識されても税務上は損金算入されないと，損益面では会計利益＜課税所得という期間差異が生じ，資産負債面では債権の貸借対照表価額＜税務価額という将来減算一時差異が生じる。このとき，貸倒損失に税率をかけた金額だけ，法人税等が余分に払われることになる。すなわち，税金が先払いされる。その後，税務上も損金算入要件が満たされた年度において損金算入されると，会計利益>課税所得と逆向きの期間差異が発生するとともに，債権の貸借対照表価額＝税務価額となって将来減算一時差異も解消する。これによって，会計上の貸倒損失認識時に余分に支払われた税金で，損金算入年度の納税額が減額される。税効果会計を適用すると，貸倒損失が会計上だけ認識された年度に，繰延税金資産を計上し，その後，税務上も貸倒れが確定して損金算入された年度に，繰延税金資産を取り崩すことになる。

**ポイント**

会計上認識した貸倒損失の税務上の損金算入時期が遅れることがある。このとき，将来減算一時差異が生じる。

## 3　有価証券の期末評価

### (1)　売買目的有価証券

売買目的有価証券は，会計上，期末に時価評価され，評価差額は有価証券運用損益として当年度の利益計算に含められる（金融商品会計基準 15）。法人税法も同様に，評価差額を益金または損金に算入する（法人税法 61 条の 3 第 1 項 1 号）。したがって，売買目的有価証券については，一時差異が生じることはなく，税効果会計の適用はない。

会計上も税務上も売買目的有価証券が期末に時価評価されるのは，売買目的有価証券は，経営者がその気になればいつでも売却できるため，原価評価にこだわると，その含み損益を恣意的に売却損益として実現させることによって，利益操作が可能になるからである。

### (2)　満期保有目的の債券

満期保有目的の債券は，会計上も税務上も原則として取得原価が貸借対照表価額になる。ただし，債券の取得原価が債券金額（額面金額のこと。）と異なる場合に，その差額が金利の調整と認められるときは，会計上は差額を償却原価法によって期間配分し，有価証券利息として利益計算に含め，期間配分によって取得原価に加減算された後の金額が，貸借対照表価額になる。法人税法もまた，償却原価法による処理を求めており，有価証券利息を益金または損金に算入する（法人税法61条の3第1項2号，法人税法施行令119条の14）。ただし，償却原価法には，会計上は複利計算に基づく利息法と期間に基づく定額法の両方が認められているのに対して，税務上は定額法（日割計算）しか認められていない。これは，利息法には経営者の見積りという主観が介入するのと，その複雑な計算が中小企業には過重な事務負担となるからである。したがって，会計上，利息法を採用した場合には，一時差異が生じるので，税効果会計の適用が必要となる。

［設例7-3］償却原価法

当年度期首に取得した債券（取得原価は400，債券金額500）は，満期（2年後）まで保有する予定であるため，利息法による償却原価法を適用する。利息法によって計算した当年度の有価証券利息は40である。一方，定額法で計算すると50になる。会計上は利息法，税務上は定額法で計算するので，当年度末の処理は次のようになる。ただし，税率は0.3とする。

| | | | | |
|---|---|---|---|---|
| ［会計］ | （借）投資有価証券 | 40 | （貸）有価証券利息 | 40 |
| ［税務］ | （借）投資有価証券 | 50 | （貸）有価証券利息 | 50 |

よって，期末における債券の貸借対照表価額は440（＝400＋40）であるのに対して，税務価額は450（＝400＋50）となるので，貸借対照表価額＜税務価額となる将来減算一時差異10が生じる。この差異10は，非収益・益金となって申告調整で加算されるので，法人税等の先払効果を生じさせる。よって，繰延税金資産を3（＝10×0.3）計上する。

| | | | | |
|---|---|---|---|---|
| ［会計］ | （借）繰延税金資産 | 3 | （貸）法人税等調整額 | 3 |

翌年度末に債券が500で償還されるので，次のような処理をする。

| | | | | |
|---|---|---|---|---|
| ［会計］ | （借）投資有価証券 | 60 | （貸）有価証券利息 | 60 |
| | 現　　　金 | 500 | 投資有価証券 | 500 |

［税務］（借）投資有価証券　50　（貸）有価証券利息　50
　　　　　　　現　　　金　500　　　　投資有価証券　500

債券はなくなり将来減算一時差異は解消されるので，繰延税金資産を取り崩す。

［会計］（借）法人税等調整額　3　（貸）繰延税金資産　3

### (3)　子会社・関連会社株式

子会社および関連会社の株式は，会計上も税務上も原則として取得原価で評価される（金融商品会計基準17，法人税法61条の3第1項2号）。これらは，事業投資と同じ性格をもち，資金運用のために保有されているわけではないから時価評価の必要がないのと，連結貸借対照表においては，子会社または関連会社の財政状態を反映した実質価額に修正されることから，個別貸借対照表上は取得原価で評価される。法人税法も，これらの株式は，原則として原価評価するので，一時差異は生じない。

### (4)　その他有価証券

会計上は企業価値評価に役立つ情報を提供するために，市場価格のあるその他有価証券は，期末時価が貸借対照表価額とされ，評価差額は洗替方式で，①純資産直入するか（全部純資産直入），②貸方評価差額（評価差益）だけを純資産直入し借方評価差額（評価差損）は損失とするか（部分純資産直入），のいずれかの方法によって処理される。これに対して，法人税法は，将来の期待ではなく実績としての担税力測定を重視するため，その他有価証券を原則として原価評価する（法人税法61条の3第1項2号）。この結果，会計上①と②のいずれの処理方法を採用したとしても，評価差額は一時差異になる。

ポイント

**その他有価証券評価差額金は一時差異。**

ただし，純資産直入の場合には，評価差額が損益計算書に記載されないので，税引前当期純利益には含まれない。評価差額を含まない税引前当期純利益に，一時差異の税効果を法人税等調整額として加減すると，税引前当期純利益と税金費用との対応関係を歪めてしまう。そこで，この一時差異の税効果は，純資産の部に記載されるその他有価証券評価差額金から控除する（☞第4章2）。

**ポイント**

**その他有価証券評価差額金を純資産直入した場合，その税効果額（繰延税金費用額，いいかえれば繰延税金資産または繰延税金負債計上額）は，その他有価証券評価差額金から直接差し引く。損益計算書に法人税等調整額を計上してはならない。**

［設例7-4］その他有価証券の貸方評価差額

期末にその他有価証券（取得原価100）を時価150で評価し，貸方に生じるその他有価証券評価差額金50を貸借対照表で純資産直入すると，会計利益は増えないけれども，貸借対照表価額は150となる。一方，税務上は原価評価するので税務価額は100のままである。したがって，その他有価証券の貸借対照表価額＞税務価額という将来加算一時差異が生じる。

［会計］（借）その他有価証券(B/S)　50　　（貸）その他有価証券評価差額金(B/S)　50
［税務］仕訳不要

しかし，将来，この有価証券が実際に150で売却されるならば，有価証券売却益50（＝150－100）が売却年度の課税所得になるので，税率を0.3とすると，売却年度で15（＝50×0.3）法人税等を支払わなければならなくなる。この将来支払わなければならない法人税等は，当年度からみると税金の後払いになるので，繰延税金負債として貸借対照表に記載する。

ただし，その他有価証券評価差額金は，損益計算書上の利益計算には反映されず，貸借対照表上で純資産直入されているので，税引前当期純利益には含まれてはいない。評価差額が税引前当期純利益に含まれていないのに，繰延税金費用を法人税等調整額として税引前当期純利益から差し引くと，税金費用が過大になり，当期純利益は過少に計算されることになる。そこで，このような問題が生じないように，繰延税金費用は，貸借対照表の純資産の部に記載されたその他有価証券評価差額金から直接減額する。なぜこのような処理になるかというと，将来実際に150で売却しても，会社にはその他有価証券評価差額金50から法人税等15を支払った後の35しか実際のキャッシュ・インフローが残らないからである。この処理によって，貸借対照表上のその他有価証券評価差額金は，将来の税引後の正味キャッシュ・インフロー額を示すことになる。

［会計］（借）その他有価証券評価差額金（B/S）　15　（貸）繰延税金負債（B/S）　15

翌期首に洗替処理すると，将来加算一時差異は解消するので，仕訳は次のようになる。

［会計］（借）その他有価証券評価差額金（B/S）　35　（貸）その他有価証券（B/S）　50
　　　　　　　繰延税金負債（B/S）　15

この洗替処理によって，貸借対照表価額は当初の取得原価100に戻って税務価額と一致するので，翌度中にこの有価証券を150で売却すると，その会計処理は次のようになる。

［会計］（借）現　　金　150　（貸）その他有価証券　100
　　　　　　　　　　　　　　　　　有価証券売却益　50
［税務］同上

**［設例7-5］** その他有価証券の借方評価差額（評価差損）

期末にその他有価証券（取得原価100）を時価80で評価し，借方に生じるその他有価証券評価差額金20を貸借対照表で純資産直入すると，会計利益は減らないけれども，貸借対照表価額は80となる。一方，税務上は原価評価するので税務価額は100のままである。したがって，その他有価証券の貸借対照表価額＜税務価額という将来減算一時差異が生じる。

［会計］（借）その他有価証券評価差額金（B/S）　20　（貸）その他有価証券（B/S）　20
［税務］仕訳不要

しかし，将来，この有価証券が実際に80で売却されるならば，有価証券売却損20（＝100－80）は売却年度の課税所得を減らすので，税率を0.3とすると，売却年度の納税額が6（＝20×0.3）だけ減少する。当年度に貸借対照表価額を減額したにもかかわらず税務価額は減少しなかった（したがって，課税所得も減っていない）ことによって当年度に余分に払った税金だけ，差異解消年度の納税額が減少するのである。この効果は，当年度からみると，将来の解消年度の税金の先払いになるので，繰延税金資産として貸借対照表に記載する。ただし，その他有価証券評価差額金は，貸借対照表上で純資産直入され，損益計算書上の利益計算には反映されないので，税引前当期純利益はこの評価差額を差し引いていない金額になる。にもかかわらず，繰延税金費用を法人税等調整額として税引前当期純利益に加えると，税金費用は過少になり当期純利益が過大に計算されてしまう。そこで，この税金の先払額は，貸借対照表の純資産の部に記載されているその他有価証券評価差額金から直接減額する。この処理によって，貸借対照表上のその他有価証券評価差額金は，将来の税引後のキャッシュ・インフロー額を示すことになる。

［会計］（借）繰延税金資産（B/S）　6　（貸）その他有価証券評価差額金（B/S）　6

ここまでの仕訳からもわかるように，純資産直入した場合の税効果会計の処理は，貸借対照表上だけに収まっており，損益計算書には一切反映されない。

翌年度期首に洗替処理すると，将来減算一時差異は解消するので，仕訳は次のようになる。

［会計］（借）その他有価証券(B/S)　20　（貸）その他有価証券評価差額金(B/S)　14
繰延税金資産（B/S）　6

**表7-1　有価証券の期末評価方法の比較**

| 税務上 | | 会計上 | | 税効果 |
|---|---|---|---|---|
| 分類 | 評価基準 | 分類 | 評価基準 | |
| 売買目的有価証券 | 時価 | 売買目的有価証券 | 時価 | — |
| 売買目的外有価証券 | 原価または償却原価法（定額法限定） | 満期目的保有債券 | 原価または償却原価法（利息法含む） | 会計上利息法採用時に一時差異 |
| | 原価 | 子会社関連会社株式 | 原価 | — |
| | 原価 | その他有価証券 | 時価 | 一時差異* |

*借方評価差額に係る繰延税金費用の会計処理は、全部純資産直入法と部分純資産直入法とでは異なる。

評価差額を，純資産直入ではなく，評価損として処理した場合の会計処理は，次のようになる。

［会計］（借）有価証券評価損（P/L）　20　　（貸）その他有価証券（B/S）　20
　　　　　　　繰延税金資産（B/S）　　6　　（貸）法人税等調整額（P/L）　6

今度は，評価損が損益計算書に記載されて税引前当期純利益に反映されることから，評価損の計上に伴う将来減算一時差異の効果も法人税等調整額として損益計算書に記載して利益計算に反映させることによって，税引前当期純利益と税金費用との対応関係を合理的なものとする。

### (5)　時価が著しく下落した場合の評価減（減損処理）

満期保有目的の債券，子会社株式，関連会社株式およびその他有価証券の時価または実質価額が著しく下落したときは，会計上は，回復する見込みがある場合を除いて（つまり，回復しないことが明らかな場合と，回復するかどうかわからない場合），期末に時価評価し，評価損を会計利益計算に含めなければならない（金融商品会計基準20）。このときは翌期に洗替処理をせず，引下後の価額を以後の帳簿価額とする。一方，法人税法は，上場有価証券の時価またはそれ以外の有価証券の実質価額がおおむね50％下回り，かつ，近い将来その回復が見込まれない場合に，評価損の損金算入を認めている（法人税法施行令68条1項2号，法人税基本通達9-1-7，9-1-11）。

この評価減の要件は，会計上と税務上とで微妙に異なっている。違いは，著しいと認められる価格下落の程度と，回復する見込みがあるかどうか不明な場合の取扱いである。会計上は，価格下落の程度が50％未満であっても，保守主義の観点から会社の定めた合理的な基準に従っていれば，著しく下落したものと取り扱うことも認められるのに対して，税法はおおむね50％と画一的な数値基準を示している。また，会計上は，回復の見込みが不明であっても，やはり保守主義の観点から評価損を計上することになるのに対して，税務上は，回復の見込みが不明な場合には，会社が合理的な判断基準を示せる場合を除いて損金算入できない（国税庁「上場有価証券の評価損に関するQ&A」2009年4月）。したがって，会計上は評価損を計上しても，税務上はその損金算入が認められないことが起こりうる。このとき，有価証券の貸借対照表価額＜税務価額となる将来減算一時差異が生じ，繰延税金資産を計上することになる。

**［設例 7-6］** 時価が著しく下落した場合の評価減

その他有価証券の時価が著しく下落し，回復するかどうかわからないので，時価まで評価減を行い，評価損 20 を計上しても，税務上は損金算入できない。会計上，評価差額の純資産直入は認められず，評価損を計上することになるので，次のように処理する。

| | | | | | |
|---|---|---|---|---|---|
| ［会計］ | （借） | 有価証券評価損 | 20 | （貸） | その他有価証券 | 20 |
| ［税務］ | 仕訳不要 | | | | | |

よって，有価証券の貸借対照表価額＜税務価額となる将来減算一時差異が 20 生じる。この差異は，将来この有価証券を売却するときに解消する。税率を 0.3 とすると，繰延税金資産は 6（＝20×0.3）となる。評価損は会計利益計算に含められるので，繰延税金費用は法人税等調整額として計上される。

| | | | | | | |
|---|---|---|---|---|---|---|
| ［会計］ | （借） | 繰延税金資産 | 6 | （貸） | 法人税等調整額 | 6 |

翌年度に，時価が 10 上昇した場合には，当年度に計上した繰延税金資産を 3（＝10×0.3）取り崩す。新たに繰延税金負債を計上することはしない。今度は評価差額が純資産直入されるので，繰延税金資産取崩額（繰延税金費用）を控除した後の金額で計上する。

| | | | | | | |
|---|---|---|---|---|---|---|
| ［会計］ | （借） | その他有価証券 | 10 | （貸） | その他有価証券評価差額金 | 7 |
| | | | | | 繰延税金資産 | 3 |

しかし，翌年度に時価が 30 上昇したときは，当年度計上の繰延税金資産 6 だけでは足りないので，足りないところは繰延税金負債 3（＝30×0.3－6）として計上する。

| | | | | | | |
|---|---|---|---|---|---|---|
| ［会計］ | （借） | その他有価証券 | 30 | （貸） | その他有価証券評価差額金 | 21 |
| | | | | | 繰延税金資産 | 6 |
| | | | | | 繰延税金負債 | 3 |

## 4 デリバティブとヘッジ

### (1) デリバティブ取引

会計上，デリバティブ取引については，契約締結時点で正味の債権または債務（決済したと仮定して，利益が出ていれば正味の債権，損失が出ていれば正味の債務が発生する。）を認識し，それを期末に時価（期末に決済すると仮定したならば，利益が出ていた金額または損失が出ていた金額）で測定して貸借対照表価額とするとともに，評価差額を当期の損益として損益計算書に記載する（金融商品会計基準 25）。税務上も，期末に未決済のデリバティブ取引を決済したものとみなして算出した利益または損失を益金または損金とする。したがって，デリバティブ取引だけでは，差異が生じることはない。

### (2) ヘッジ会計

デリバティブ取引をヘッジ手段として利用したときに，ヘッジ会計を適用して繰延ヘッジ処理をすると，税効果会計が必要になることがある。ヘッジ会計を適用すると，原則として，ヘッジ手段となるデリバティブの損益または評価差額は，ヘッジ対象となる資産・負債に関連する損益が認識されるまで，貸借対照表の純資産の部に繰延ヘッジ損益として記載され，損益として認識することが先送りされる（金融商品会計基準 32）。

税務上も，デリバティブ取引がヘッジ対象資産の損失を減少させるためのヘッジとして有効であると認められる場合には，ヘッジ手段としてのデリバティブ取引の利益または損失のうち有効である部分を益金または損金に算入せず，ヘッジ対象資産の損益が計上される将来の年度まで繰り延べる。このように，税務上もヘッジ会計的な考え方が採られている。ただし，会計上は，ヘッジ手段であっても期末に時価評価するのに対して，税務上は評価換えをしないので，一時差異が生じることになり，税効果会計を適用しなければならなくなる（金融商品会計基準 32）。

**ポイント**

デリバティブ取引にヘッジ会計を適用すると，税効果会計が必要になる。

［設例 7-7］債券先物取引のヘッジ会計

その他有価証券である保有債券（取得原価 970）の時価変動をヘッジするために，期中に国債先物（額面 1,000）を 950 で売り建てた。期末の保有債券の時価は 960，国債先物の時価は 940 であった。会計上はヘッジ会計を適用し，税務上も未決済損益を繰り延べる。税率は 0.3 とする。

ヘッジ対象である保有債券の期末時価評価による借方評価差額は 10（＝970－960）で保有債券の貸借対照表価額 960 ＜税務価額 970 という将来減算一時差異が生じるので，繰延税金資産を 3（＝10×0.3）計上し，評価差額 7（＝10－3）を純資産直入する。

［会計］（借）繰延税金資産　3　（貸）その他有価証券　10
　　　　　　その他有価証券評価差額金　7
［税務］仕訳不要

ヘッジ手段である国債先物の先物利益は 10（＝950－940）となるが，これはヘッジ会計を適用すると繰延ヘッジ損益となる。一方，税務上は先物利益を認識しない。

［会計］（借）売建債券先物（資産）　10　（貸）繰延ヘッジ損益（純資産）　10
［税務］仕訳不要

売建債券先物の貸借対照表価額 10 ＞税務価額 0 となり，この先物契約が将来，当年度末の時価のままで決済されれば，先物利益が決済年度の課税所得に含まれて納税額を増加させるので，将来加算一時差異になる。よって，繰延税金負債 3（＝10×0.3）を計上する。ただし，繰延ヘッジ処理に伴う繰延ヘッジ損益は，損益計算書を通さずに純資産直入されるので，純資産直入される評価差額と同じように，繰延税金費用は，損益計算書上の法人税等調整額には含められず，純資産直入される繰延ヘッジ損益から直接減額する。上の仕訳で税効果を考慮すると，次のようになる。

［会計］（借）売建債券先物　10　（貸）繰延税金負債　3
繰延ヘッジ損益　7

［設例 7-8］為替オプションのヘッジ会計

為替変動リスクを避けるために，通貨オプション（想定元本 100 万ドル，権利行使価格 1 ドル 115 円のコールオプション）を買い建て，オプション料 200 万円を支払ったときの会計処理は，次のようになる。

［会計］（借）オプション資産　200　（貸）現　金　200
［税務］同上

期末の通貨オプションの時価を 1 ドル 3 円とすると，税効果会計適用前の繰延ヘッジ損益は 100（＝3 円×100 万ドル－200 万円）となる。税務上は未決済デリバティブ損益を繰り延べる（オプション資産の増加を認識しない）とすると，オプション資産の貸借対照表価額 300 ＞税務価額 200 となり，ヘッジ利益が将来実現した年度の課税所得に加算されて納税額を増加させるので，将来加算一時差異が生じる。税率を 0.3 とすると，繰延税金負債は 30（＝100×0.3）となり，税効果会計適用後の繰延ヘッジ損益は 70（＝100－30）となる。

［会計］（借）オプション資産　100　（貸）繰延税金負債　30
繰延ヘッジ損益　70

翌年度期首には，次のように洗替処理する。

［会計］（借）繰延税金負債　30　（貸）オプション資産　100
繰延ヘッジ損益　70

翌年度に権利を行使して差金決済したときの為替相場を 1 ドル 120 円とすると，差金決済額は 500（＝（120－115）×100 万ドル）となり，為替差益が 300（＝500－200）となる。

［会計］（借）現　金　500　（貸）オプション資産　200
為 替 差 益　300
［税務］同上

## 5　棚卸資産の期末評価

棚卸資産評価会計基準は，トレーディング目的で保有されるものを除く棚卸資産を，取得原価と正味売却価額のいずれか低い価額で期末評価することを求めている（棚卸資産評価会計基準7）。正味売却価額が取得原価を下回る場合には，差額が評価損として認識される。この会計処理は，原価を，単に棚卸資産の取得に充てられた支出額と捉えるのではなく，支出額のうち販売によって回収可能な価額と考えることによる。この考え方では，期末に保有する棚卸資産の取得原価のうち，将来回収される見込のなくなった部分は原価が喪失したことになるので，それを損失処理するのである。評価損の会計処理は，洗替法と切放法の選択適用が認められている（棚卸資産評価会計基準14）。

法人税法は，棚卸資産の期末評価に，原価法と低価法の選択適用を認めている（法人税法施行令28条2号）。原価法を認めるのは，低価法の適用が難しい中小企業への配慮からである。低価法を適用する場合には，法人税法も洗替法と切放法の選択適用を認めている。しかし，災害による著しい損傷や著しい陳腐化などを原因とする価値の低下は回復不能であり，その評価減は強制的なものであるから，切放法しか適用できない（法人税法33条，法人税法施行令68条）。

棚卸資産評価会計基準を適用する上場会社等は，税務上も低価法を適用すれば，一時差異が生じる余地はなく，税効果会計の適用は必要ない。

## 6　固定資産の減損

企業活動における固定資産の利用から得られるキャッシュフローが，当初の予定よりも減少し，その投資額を回収できなくなった場合には，固定資産の貸借対照表価額を過大評価して損失を将来に繰り延べることにならないように，帳簿価額を回収可能価額まで減額し減少額を減損損失とする減損処理が，会計上は行われる（減損会計基準二4）。

これに対して，法人税法に固定資産の減損処理の規定はなく，固定資産が災害などによって物理的に損傷するなど不可逆的に価値が低下したときにしか，評価換えは認められていない（法人税法33条，法人税法施行令68条1項）。いいかえれば，景気変動や収益予測の誤りなどの原因で単に固定資産の収益性が悪化した場合や，市場の需給変動によって価格が下落した場合には，会計上は減損処理が行われても，税務上は評価換えされることはない。まだ，回復の余地が残されているからである。このため，減損損失の損金算入が認められることは少ない。

会計上だけ減損処理が行われると，損益面では減損損失額だけ会計利益＜課税所得となり，会計利益に課税されるよりも納税額が増える。しかし，固定資産がその後，減価償却や除却されるときには，会計上の減価償却費や除却損は税務上よりも少なくなるので，会計利益＞課税所得となる。つまり，納税額が将来から減損処理年度に繰り上げられるのである。資産面では，減損処理すると，固定資産の貸借対照表価額＜税務価額となって将来減算一時差異が生じる。そこで，繰延税金資産を計上する。将来減算一時差異は，その後の減価償却を通じて徐々に解消されていき，最終的に除却の時点で消滅するので，計上された繰延税金資産も，減価償却を通じ徐々に減額されていき，除却時点で0になる。

［設例7-9］固定資産の減損処理の税効果会計

×1年度期首に機械500を取得して利用を始めた。会計上も税務上も耐用年数5年，残存価額0，定額法で減価償却し，毎年減価償却費を100計上していた。よって，×3年度末の減価償却後の帳簿価額も税務価額も200である。

×3年度末で見積もった回収可能価額は80で回復の見込みはないため減損処理し，減損損失を120（＝200－80）する。しかし，税務上は損金に算入できない。

［会計］（借）減 損 損 失　120　　（貸）機　　　械　120
［税務］仕訳不要

減損損失額120だけ会計利益が課税所得を下回るので，税率を0.3とすると，会計利益に課税されるよりも税金を36（＝120×0.3）だけ余分に支払うことになる。このとき，機械の貸借対照表価額80＜税務価額200となって将来減算一時差異120が生じるので，繰延税金資産36を計上する。

［会計］（借）繰延税金資産　36　（貸）法人税等調整額　36

×4年度の減価償却は，会計上は減損処理後の新しい帳簿価額を基礎として行うので，減価償却費が40（＝80×1/2）となる。しかし，税務上は減損処理を行っていないので，減価償却費は，従来どおり100のままである。

［会計］（借）減価償却費　40　（貸）機　械　40
［税務］（借）減価償却費　100　（貸）機　械　100

よって，会計利益＞課税所得となって，税金は会計利益に課税するよりも18（＝（100－40）×0.3）少なくて済む。これは×3年度の税金の先払いの一部によって，×4年度の納税額が穴埋めされるからである。機械の貸借対照表価額は40（＝80－40），税務価額は100（＝200－100）となり，将来減算一時差異は60（＝100－40）に縮小し60（＝120－60）解消するので，繰延税金資産を18（＝60×0.3）取り崩す。

［会計］（借）法人税等調整額　18　（貸）繰延税金資産　18

**機械の帳簿価額・税務価額の変動**

| 年度 | 会　計 | | | | 税　務 | | | 将来減算一時差異 |
|---|---|---|---|---|---|---|---|---|
| | ①期首残高 | ②償却費 | ③減損損失 | ④期末残高<br>①－②－③ | ⑤期首価額 | ⑥償却限度 | ⑦期末価額<br>⑤－⑥ | ⑦－④ |
| ×1 | 500 | 100 | — | 400 | 500 | 100 | 400 | 0 |
| ×2 | 400 | 100 | — | 300 | 400 | 100 | 300 | 0 |
| ×3 | 300 | 100 | 120 | 80 | 300 | 100 | 200 | 120 |
| ×4 | 80 | 40 | — | 40 | 200 | 100 | 100 | 60 |
| ×5 | 40 | 40 | — | 0 | 100 | 100 | 0 | 0 |

## 《まとめ》

資産の評価益は，売買目的有価証券を除いて，原則として会計上も税務上も認められないので，税効果会計が適用されることはない。評価損については，会計上認められても，税務上は認められないことが多い。会計上の評価損のうち税務上損金不算入となるものは，将来減算一時差異になるので，その発生時に繰延税金資産を計上する。その後，資産の償却，除却，売却あるいは回収などによって税務上も損金算入されたときに将来減算一時差異は解消するので，繰延税金資産を取り崩す。

---

［復習問題 7］

空欄に当てはまる語句を答えなさい。

売買目的外有価証券の期末時価が取得原価を上回るときに生じる評価差額は［①］になる。この評価差額に税率をかけて計算される税効果額は，貸借対照表に［②］として計上されるとともに，その繰延税金費用は［③］から控除される。逆に，期末時価が取得原価を下回るときに生じる評価差額は［④］になる。この評価差額に係る税効果額は，貸借対照表に［⑤］として計上されるとともに，その繰延税金費用は，評価差額を損失計上しているときには，損益計算書に［⑥］として表示され，評価差額を純資産直入しているときには，［③］から控除される。

固定資産を減損処理したときに，税務上は減損損失が損金不算入となると，［④］が生じるので，貸借対照表上は［⑤］が計上され，損益計算書上は［⑥］が法人税，住民税及び事業税から［⑦］額される。

**【練習問題 7-1】**

次の〔資料〕に基づいて，当年度の法人税等調整額と，当年度末の繰延税金資産または繰延税金負債の金額を計算しなさい。税率は30%とすること。

〔資料〕

前年度末

受取手形　600,000円（税務価額　同左）

売掛金　800,000円（税務価額　900,000円）

貸倒引当金　30,000円（税務価額　0円）

当年度中

売掛金の貸倒額　200,000円（税務上は100,000円損金不算入）

当年度末

受取手形　700,000円（税務価額　同左）

売掛金　1,000,000円（税務価額　1,200,000円）

貸倒引当金

▶一般債権1,200,000円に対して貸倒実績率2%によって貸倒見積高を算定するが，税務上は損金不算入とする。

▶貸倒懸念債権500,000円のうち担保処分見込額300,000円を減額した残額を貸倒見積高とするが，税務上は損金不算入とする。

【練習問題7-2】

前期に取引の安定化のために取引先A社の議決権の5%を取得した。A社株式の取得原価は50,000千円，前期末時価は55,000千円，当期末時価は48,000千円である。期末時価評価による評価差額は翌期首に洗い替えている。前期末，当期首および当期末の仕訳を，全部純資産直入法によった場合と部分純資産直入法によった場合に分けて示しなさい。税率は30%とする。

【練習問題7-3】

期末に保有する有価証券の内訳は次の通りである。

| 銘　柄 | 保有目的 | 数　量 | 取得単価 | 期末時価 |
|---|---|---|---|---|
| A社株式 | 売買目的 | 5,000株 | 2,000円 | 2,400円 |
| B社株式 | 長期保有 | 8,000株 | 600円 | 1,500円 |
| C社株式 | 長期保有 | 2,000株 | 800円 | 300円 |
| D社債券 | 満期保有 | 1,000口 | 96円 | 95円 |

（注）　1. C社株式の時価が著しく下落し，回復の見込みがあるとは認められないので，当期末に時価まで減損処理することにした。ただし，評価損は，税務上は損金不算入とされる。
2. D社債券の額面金額は1口100円であり，償却原価法によって帳簿価額を毎年1円ずつ増額している。前期末の帳簿価額は1口97円であった。

以上の資料に基づいて，当期末貸借対照表に記載される有価証券，投資有価証券，繰延税金負債，その他有価証券評価差額金の各金額を求めなさい。ただし，税率は30%とする。

【練習問題7-4】

当社は，保有するその他有価証券の期末評価差額のうち，貸方評価差額は純資産直入し，借方評価差額は当期の損失としている。次の〔資料〕に基づいて，その他有価証券に係る当期末繰延税金資産または繰延税金負債と，当期の法人税等調整額の金額を答えなさい。ただし，税率は30%とすること。

〔資料〕

| 銘　柄 | 数　量 | 取得単価 | 期首時価 | 期末時価 |
|---|---|---|---|---|
| A社株式 | 500株 | 1,200円 | 1,000円 | 1,500円 |
| B社株式 | 2,000株 | 800円 | 900円 | 750円 |

【練習問題7-5】

×1年4月1日に10,000万円を次の条件で借り入れた。

借入期間3年（返済日×4年3月31日）

利払日　毎年3月31日（年1回払い）

変動金利

金利変動リスクに備えるために，同日に次の条件の金利スワップ契約を結んだ。

受取金利は上記変動金利と同じ。

支払金利は年1%

×1年度の変動金利は0.8%で，期末の金利スワップの時価は10万円であった。ヘッジ会計を適用する。×1年度の会計処理を仕訳で示しなさい。税率は30%とする。

【練習問題7-6】

取得原価200百万円の土地を長期間利用しておらず，新たな利用方法も見つからないため，会計上，減損損失を認識することにした。この土地の売却可能価額は75百万円，売却手数料等が5百万円と予想される。減損損失認識の仕訳を示しなさい。ただし，税率は30%とする。

# 第８章　固定資産等の償却

学習内容

- □　償却限度超過と償却不足の税効果
- □　資産除去債務があるときの将来減算一時差異・将来加算一時差異

《キーワード》

◦償却超過額　◦償却不足額　◦資産除去債務
◦税法上の繰延資産

## 1　減価償却

法人税法は，固定資産の減価償却について，恣意的な償却方法の選択や耐用年数・残存価額の見積りによる所得の操作を防ぐために，各年度の減価償却費の損金算入の上限となる**償却限度額**を定めている。償却限度額の計算では，耐用年数や残存価額を画一的に定め，資産の種類によっては償却方法を定額法に限定している。こうして計算した償却限度額の範囲内で，確定した決算で費用計上された減価償却費の損金算入が認められる。

したがって，会計上の減価償却費が，税務上の償却限度額を超える場合には，この**償却超過額**は損金不算入となって申告加算される。このとき，資産負債面では，固定資産の貸借対照表価額が償却超過額だけ税務価額を下回ることになるので，将来減算一時差異が生じる。損益面では，減価償却費＞償却限度額となって，会計利益＜課税所得となる。

ポイント

**償却超過額は将来減算一時差異。**

固定資産の取得から除却に至るまでの全期間を通算すると，減価償却累計額と除却損の合計額は，その資産の取得原価に一致する。これは，いったん生じた将来減算一時差異も，耐用年数の経過とともに徐々に縮小し，最終的には解消することを意味する。この将来減算一時差異の縮小過程においては，損益面では，減価償却費が償却限度額を下回る**償却不足額**が生じる。法人税法は，償却不足額だけ過年度に生じた償却超過額の損金算入を認めている。過年度償却超過額のうち償却不足相当額だけ損金算入が認められると，会計利益＞課税所得となる。

図 8-1　減価償却の償却限度額と損金算入額の関係

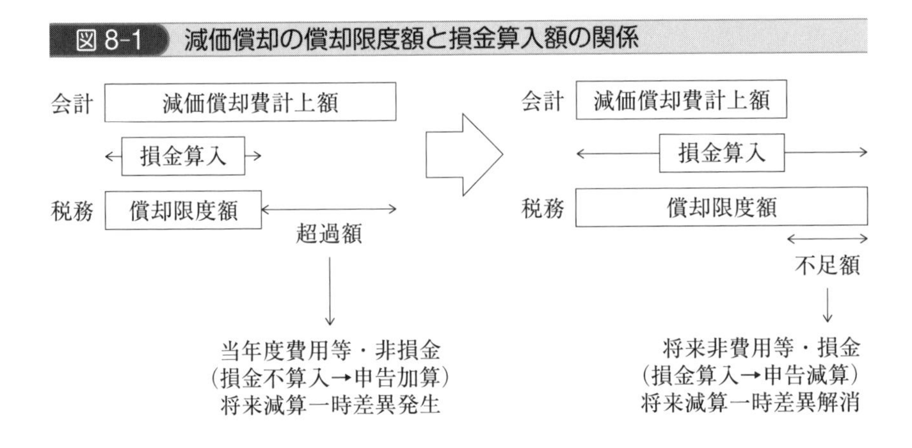

## 図8-2　減価償却に関する税効果

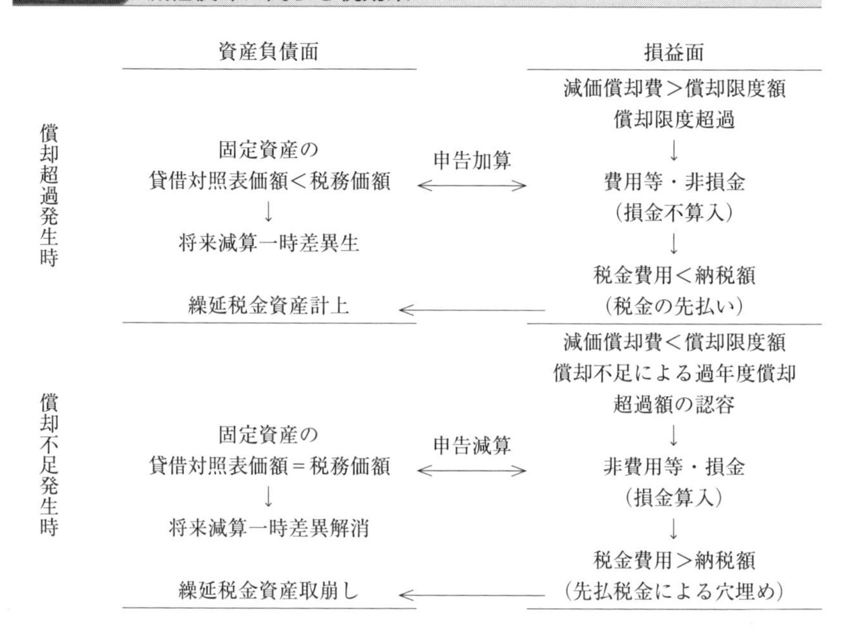


**ポイント**

減価償却不足額だけ過年度の償却超過額が損金算入されることによって，将来減算一時差異が減少する。

[設例8-1] 減価償却方法の相違

×1年度期首に設備3,000を取得して使い始めた。会計上も税務上も，耐用年数は3年，残存価額は0とする。ただし，償却方法は，会計上は200%定率法，税務上は定額法によると，将来減算一時差異が次のように生じ，その後解消する。

設備の帳簿価額・税務価額の増減

| 年度 | 会　計 | | | 税　務 | | | 将来減算一時差異<br>⑥－③ |
|---|---|---|---|---|---|---|---|
| | ①<br>期首簿価 | ②<br>償却費 | ③<br>期末簿価<br>①－② | ④<br>期首価額 | ⑤<br>償却限度 | ⑥<br>期末価額<br>④－⑤ | |
| ×1 | 3,000 | 2,000 | 1,000 | 3,000 | 1,000 | 2,000 | 1,000 |
| ×2 | 1,000 | 667 | 333 | 2,000 | 1,000 | 1,000 | 667 |
| ×3 | 333 | 333 | 0 | 1,000 | 1,000 | 0 | 0 |

×1年度の会計上の減価償却費は2,000（＝3,000×1/3×2），税務上の償却限度額は1,000（＝3,000×1/3）なので，資産負債面では貸借対照表価額＜税務価額という将来減算一時差異1,000が生じ，損益面では償却超過額1,000（＝2,000－1,000）が費用・非損金で損金不算入となって申告調整で加算され，会計利益が課税所得を1,000だけ下回ることになる。税率を0.3とすると，会計利益に課税されるよりも300（＝1,000×0.3）だけ税金を余分に払うことになる。この余分の支払いは，将来の会計利益が負担すべき税金の先払いなので，繰延税金資産になる。その金額は，将来減算一時差異1,000に税率をかけた300と一致する。

［会計］（借）減価償却費　2,000　（貸）設　　備　2,000
［税務］（借）減価償却費　1,000　（貸）設　　備　1,000
［会計］（借）繰延税金資産　300　（貸）法人税等調整額　300

×2年度の会計上の減価償却費は667（＝1,000×1/3×2），税務上の償却限度額は1,000なので，損益面では，償却不足額333（＝1,000－667）が生じるが，税務上は×1年度の償却超過額1,000のうち，×2年度に生じた償却不足額が×2年度に損金算入できるので，それが非費用・損金となって申告調整で減算される。この結果，会計利益が課税所得を333だけ上回ることになる。このとき，会計利益に課税されるよりも100（＝333×0.3）だけ納税額が減少する。この納税額の減少は，×1年度に先払いした税金の×2年度負担額なので，繰延税金資産を取り崩す。資産負債面では貸借対照表価額＜税務価額という将来減算一時差異が残るものの，税務価額が償却不足額333だけ余分に減少するので，将来減算一時差異は667に減少する。それに税率をかけた200が繰延税金資産の×2年度末残高となり，期首残高300との差100が取崩額となる。これは，×2年度の納税額の減少額と一致する。

| | | | | | |
|---|---|---|---|---|---|
| ［会計］ | （借）減価償却費 | 667 | （貸）設　　備 | 667 |
| ［税務］ | （借）減価償却費 | 1,000 | （貸）設　　備 | 1,000 |
| ［会計］ | （借）法人税等調整額 | 100 | （貸）繰延税金資産 | 100 |

×3年度末には，資産負債面では，貸借対照表価額も税務価額もともに0になるので，将来減算一時差異は消滅する。損益面では，会計上の減価償却費は333，税務上の償却限度額は1,000なので，償却不足額667（＝1,000－333）が生じる。償却不足額は，非費用・損金となって損金算入され申告調整で減算されるので，会計利益が課税所得を667だけ上回ることになる。このとき，納税額が会計利益に課税されるよりも200（＝667×0.3）だけ少なくなる。この納税額の減少は，×3年度に費用として負担すべきであるにもかかわらず，すでに×1年度に先払いしているため，×3年度には支払わなくて済む金額なので，繰延税金資産を取り崩す。この結果，×3年度の繰延税金資産残高は0となり，×3年度末の将来減算一時差異が0となることに対応する。また，取崩額は，×3年度の納税額の減少額と一致する。

| | | | | |
|---|---|---|---|---|
| ［会計］ | （借）減価償却費 | 333 | （貸）設　　備 | 333 |
| ［税務］ | （借）減価償却費 | 1,000 | （貸）設　　備 | 1,000 |
| ［会計］ | （借）法人税等調整額 | 200 | （貸）繰延税金資産 | 200 |

減価償却費を差し引く前の税引前当期純利益を毎年5,000とすると，各年度の税引前当期純利益と課税所得は，次のようになる。

| | ×1年度 | ×2年度 | ×3年度 |
|---|---|---|---|
| 償却前当期純利益 | 5,000 | 5,000 | 5,000 |
| 減価償却費 | 2,000 | 667 | 333 |
| 税引前当期純利益（A） | 3,000 | 4,333 | 4,667 |
| 申告調整 | 1,000 | △333 | △667 |
| 課税所得 | 4,000 | 4,000 | 4,000 |
| 法人税、住民税及び事業税 | 1,200 | 1,200 | 1,200 |

各年度の税金費用の推移を示すと，次のようになる。

| | ×1年度 | ×2年度 | ×3年度 |
|---|---|---|---|
| 法人税、住民税及び事業税 | 1,200 | 1,200 | 1,200 |
| 法人税等調整額 | △300 | 100 | 200 |
| 税金費用（B） | 900 | 1,300 | 1,400 |
| B/A | 0.3 | 0.3 | 0.3 |

このように，償却方法の相違を原因とする減価償却費の年度帰属の差異に基づいて法人税等を期間配分すると，各年度の税引前当期純利益と税金費用との間で税率を介した対応関係を維持することができる。

［設例 8-2］ 耐用年数の相違

×1年度期首に自動車240を使い始めた。残存価額0，耐用年数は会計上4年，税務上6年，定額法で償却する。税率は0.3とする。

会計上の耐用年数が税務上の耐用年数より短いので，会計上の耐用年数が終了するまでの1年あたりの減価償却費は，会計上のほうが多く，資産負債面では，それだけ貸借対照表価額が税務価額を下回ることになる。この結果，将来減算一時差異が，会計上の耐用年数の経過とともに徐々に増加する。しかし，会計上の耐用年数は税務上より2年短いので，4年たって会計上の減価償却が終わった後の2年間も税務上は減価償却が続き，この過程でいったん増加した将来減算一時差異（償却超過額）も徐々に減少し，税務上の減価償却が終わった時点で，将来減算一時差異は消滅する。具体的には，次のようになる。

| 年度 | 会計 | | | 税務 | | | 将来減算一時差異<br>⑥－③ |
|---|---|---|---|---|---|---|---|
| | ①<br>期首簿価 | ②<br>償却費 | ③<br>期末簿価<br>①－② | ④<br>期首価額 | ⑤<br>償却限度 | ⑥<br>期末価額<br>④－⑤ | |
| ×1 | 240 | 60 | 180 | 240 | 40 | 200 | 20 |
| ×2 | 180 | 60 | 120 | 200 | 40 | 160 | 40 |
| ×3 | 120 | 60 | 60 | 160 | 40 | 120 | 60 |
| ×4 | 60 | 60 | 0 | 120 | 40 | 80 | 80 |
| ×5 | 0 | 0 | 0 | 80 | 40 | 40 | 40 |
| ×6 | 0 | 0 | 0 | 40 | 40 | 0 | 0 |

会計上の減価償却費は毎年 60（＝240×1/4）となるのに対して，税務上の償却限度額は 40（＝240×1/6）となり，最初の 4 年間は毎年，償却超過額が 20 生じ，資産負債面では自動車の貸借対照表価額＜税務価額となる将来減算一時差異が毎年 20 ずつ増加し，損益面では会計利益が課税所得を毎年 20 下回る。その結果，会計利益に課税するよりも，税金を 6（＝20×0.3）だけ余分に支払うことになる。これは税金の先払いになるので，繰延税金資産 6（＝20×0.3）を計上する。よって，×1 年度から×4 年度までは，毎年次のような処理を行う。

| | | | | | |
|---|---|---|---|---|---|
| [会計] | （借）減価償却費 | 60 | （貸）車　　両 | 60 |
| [税務] | （借）減価償却費 | 40 | （貸）車　　両 | 40 |
| [会計] | （借）繰延税金資産 | 6 | （貸）法人税等調整額 | 6 |

×5 年度になると，会計上は減価償却が終了しているのに対して，税務上は引き続き減価償却が行われるので，一転して償却不足額 40 が生じる。そこで，×4 年度までに生じた償却超過の累積額 80（＝20×4 年）のうち 40 が損金算入でき，今度は会計利益が課税所得を 40 上回ることになる。この結果，納税額は会計利益に課税するよりも 12（＝40×0.3）減少する。これは，×5 年度以降に負担すべき税金費用であるにもかかわらず，すでに×4 年度までに先払しているため，×5 年度以降に支払わなくて済むからである。税務価額も 40 減少し，それだけ将来減算一時差異が解消されるので，それにあわせて繰延税金資産も 12（＝40×0.3）取り崩す。

[会計] 仕訳不要

| | | | | |
|---|---|---|---|---|
| [税務] | （借）減価償却費 | 40 | （貸）車　　両 | 40 |
| [会計] | （借）法人税等調整額 | 12 | （貸）繰延税金資産 | 12 |

×6 年度も同様の処理が行われる結果，最終的に繰延税金資産残高は 0 になる。

## 2　資産除去債務

利用の済んだ固定資産を除去することが，法律や契約などで義務づけられている場合には，将来の除去時にかかる除去費用の現在価値をその固定資産の取得原価に含め，減価償却と利息費用の計算を通じて，将来に支払われる除去費用を，あらかじめ固定資産の利用期間にわたって費用配分することが，会計上求められている。これは，固定資産の利用に不可避的に生じる費用は，その支払いが取得時か除去時かを問わず，固定資産利用によって回収されるべき投下資本であることに変わりがないので，除却費も取得費と同様に附随費用として固定資産の取得原価に含めるべきである，という考え方による。固定資産の取得原価に含められる将来の除去費用の現在価値を，**資産除去債務**という。

これに対して，法人税法は，取得時に実際に支払われる取得費とは異なって，将来の除去費は，その支出の時期と金額が不確定であることから，実際に除去費の支払いが確定するまでは損金不算入としている。そのため，資産の税務価額は資産除去債務相当額を含まない。よって，資産面では，資産除去債務額だけ資産の貸借対照表価額＞税務価額という将来加算一時差異が生じる。一方，負債側も，会計上は資産除去債務が計上されるのに対して，税務上は計上されないので，資産除去債務額だけ負債の貸借対照表価額＞税務価額という将来減算一時差異が生じる。

このように，会計上だけ資産と負債の両方に同額の資産除去債務相当額が計上される結果，両方をあわせて考えると，将来減算一時差異と将来加算一時差異が相殺されるので，繰延税金資産も繰延税金負債も計上しなくてよいように思うかもしれない。しかしながら，将来減算一時差異となる資産原価と，将来加算一時差異になる資産除去債務は，それぞれの解消の時期と金額が異なり，しかも繰延税金資産の計上には回収可能性の判断も必要になる（☞第4章4）。したがって，資産除去債務に関連する繰延税金資産と繰延税金負債は，別個に認識する必要がある。すなわち，会計上だけ資産原価に含まれる資産除去債務相当額は将来加算一時差異となるので繰延税金負債を，会計上だけ負債計上される資産除去債務は将来減算一時差異になるので繰延税金資産を，それぞれ計上するのである。

**ポイント**

資産除去債務 { 資産原価⇒将来加算一時差異→繰延税金負債 / 負債計上⇒将来減算一時差異→繰延税金資産 }

耐用年数，残存価額および償却方法が会計上と税務上で同じでも，資産面では，資産除去債務相当額だけ資産の貸借対照表価額>税務価額となっていることから，毎年の減価償却費は，税務上の償却限度額を上回ることになる。また，負債面でも，利息費用が毎年計上されて資産除去債務を増加させるのに対して，税務上は計上されない。この結果，たとえ当初は繰延税金資産と繰延税金負債が同額であっても，その後，減価償却や利息費用の計上を通じて，繰延税金資産と繰延税金負債の残高は異なってくる。

[設例 8-3] 資産除去債務の税効果

×1年度期首に設備 15,000 を取得して利用を始めた。この設備は利用が終わると除去することが義務づけられており，その除去費用は 6,000 と予想される。減価償却は，会計上も税務上も残存価額 0，耐用年数 3 年で定額法で行う。割引率は 0.05，税率は 0.3 とする。

会計上は除去費用の現在価値 5,183（$=6{,}000\div(1+0.05)^3$）を含めた 20,183 が貸借対照表価額になるのに対して，資産除去債務相当額を含まない税務価額は 15,000 である。よって，設備の貸借対照表価額 20,183 >税務価額 15,000 という将来加算一時差異 5,183 が生じるので，繰延税金負債 1,555（$=5{,}183\times0.3$）を計上する。同時に，会計上は資産除去債務が負債計上されるのに対して，税務上は計上されないので，資産除去債務の貸借対照表価額 5,183 >税務価額 0 という将来減算一時差異 5,183 も生じ，繰延税金資産 1,555（$=5{,}183\times0.3$）を計上する。

| | | | | | |
|---|---|---|---|---|---|
| [会計] | （借）設　　備 | 20,183 | （貸） | 現　　金 | 15,000 |
| | | | | 資産除去債務 | 5,183 |
| [税務] | （借）設　　備 | 15,000 | （貸） | 現　　金 | 15,000 |

［会計］（借）繰延税金資産　1,555　（貸）繰延税金負債　1,555

×1年度の減価償却費は，会計上は6,728（＝20,183×1/3），税務上は5,000（＝15,000×1/3）となるので，設備の貸借対照表価額は13,455（＝20,183－6,728）となるのに対して，税務価額は10,000（＝15,000－5,000）となって，資産の貸借対照表価額13,455＞税務価額10,000という将来加算一時差異が3,455（＝13,455－10,000）と1,728（＝5,183－3,455）減少する。よって，繰延税金負債を518（＝1,728×0.3）取り崩す。

［会計］（借）減価償却費　6,728　（貸）設　　備　6,728
［税務］（借）減価償却費　5,000　（貸）設　　備　5,000
［会計］（借）繰延税金負債　518　（貸）法人税等調整額　518

同時に，会計上は資産除去債務の割り戻しである利息費用259（＝5,183×0.05）が追加計上されて資産除去債務が増加するのに，税務上の負債は計上されないので，将来減算一時差異が259増加し，繰延税金資産も78（＝259×0.3）増加する。

［会計］（借）利息費用　259　（貸）資産除去債務　259
［税務］仕訳不要
［会計］（借）繰延税金資産　78　（貸）法人税等調整額　78

×2年度の減価償却の会計および税務処理は次のようになる。

［会計］（借）減価償却費　6,728　（貸）設　　備　6,728
［税務］（借）減価償却費　5,000　（貸）設　　備　5,000

この結果，設備の貸借対照表価額6,727（＝13,455－6,728）＞税務価額5,000（＝10,000－5,000）という将来加算一時差異が1,727となって1,728（＝3,455－1,727）減少するので，繰延税金負債を518（＝1,728×0.3）取り崩す。

［会計］（借）繰延税金負債　518　（貸）法人税等調整額　518

×2年度の利息費用は，×1年度末資産除去債務残高5,442（＝5,183＋259）に割引率0.05をかけて272（＝5,442×0.05）と計算される。

［会計］（借）利 息 費 用　272　（貸）資産除去債務　272
［税務］仕訳不要

資産除去債務すなわち将来減算一時差異は5,714（＝5,442＋272）となるので，繰延税金資産残高が1,714（＝5,714×0.3）となり81（＝1,714－1,633＝272×0.3）増加する。

| | | | | | |
|---|---|---|---|---|---|
| ［会計］ | （借）繰延税金資産 | 81 | （貸）法人税等調整額 | 81 |

×3年度の減価償却の会計および税務処理は次のようになる。

| | | | | |
|---|---|---|---|---|
| ［会計］ | （借）減価償却費 | 6,727 | （貸）設　　備 | 6,727 |
| ［税務］ | （借）減価償却費 | 5,000 | （貸）設　　備 | 5,000 |

この結果，設備の貸借対照表価額0＝税務価額0となって，将来加算一時差異は解消されるので，繰延税金負債も残額を取り崩す。

| | | | | |
|---|---|---|---|---|
| ［会計］ | （借）繰延税金負債 | 519 | （貸）法人税等調整額 | 519 |

利息費用は，×2年度末資産除去債務残高5,714に割引率0.05をかけて286（＝5,714×0.05）と計算される。この結果，×3年度末除去前の資産除去債務残高は，当初予測の6,000（＝5,714＋286）になる。また，繰延税金資産は86（＝286×0.3）増加する。

| | | | | |
|---|---|---|---|---|
| ［会計］ | （借）利 息 費 用 | 286 | （貸）資産除去債務 | 286 |
| ［税務］ | 仕訳不要 | | | |
| ［会計］ | （借）繰延税金資産 | 86 | （貸）法人税等調整額 | 86 |

以上のように，時の経過による利息費用の累積に伴って繰延税金資産は増加していくのに対して，繰延税金負債は減価償却の進行に伴って減少していく。

最後に，×3年度末に実際に設備を除却して除去費用6,000が支払われると，資産除去債務も0になるので，それまで累積されてきた将来減算一時差異は解消する。よって，繰延税金資産残高1,800（＝1,555＋78＋81＋86＝6,000×0.3）を取り崩す。

| | | | | |
|---|---|---|---|---|
| ［会計］ | （借）資産除去債務 | 6,000 | （貸）現　　金 | 6,000 |
| | （借）法人税等調整額 | 1,800 | （貸）繰延税金資産 | 1,800 |
| ［税務］ | （借）除 去 費 用 | 6,000 | （貸）現　　金 | 6,000 |

税務上は，除去費用が×3年度にまとめて損金算入され，納税額が減少する。しかし，会計上は，除去費用が，減価償却費と利息費用の合計として毎年費用計上され，各年度の税引前当期純利益の計算に反映される。したがって，

税金費用を税引前当期純利益に対応づけて期間配分するためには，税効果会計の適用が必要となるのである。

## 3 税法上の繰延資産

法人税法は，会社計算規則の認めた繰延資産以外に，自己が便益を受ける公共的施設または共同的施設の設置または改良のために支出する費用，資産を賃借しまたは使用するために支出する権利金等の費用など，会社計算規則の定める繰延税金資産とは異なる独自の**税法上の繰延資産**の計上を強制している。

税法上の繰延資産は，次の費用で，その支出の効果が1年以上に及ぶものをいう（法人税法施行令14条1項6号）。

① 自社の便益のための公共的，共同施設の設置または改良のための費用

（例）国道の補修のための費用，共同で利用するアーケード建設のための費用

② 資産の賃借，使用のための権利金，立退料その他の費用

（例）建物，部屋，コンピュータなどの賃借に際して支払う権利金

③ 役務の提供を受けるための権利金その他の費用

（例）ノーハウの頭金

④ 製品等の広告宣伝のために資産を贈与した場合の費用

（例）贈与した自社名入りの冷蔵庫・看板の原価

⑤ その他自社が便益を受けるために支出する費用

（例）スキー場のゲレンデ整備費，同業者団体等の加入金

税法上の繰延資産を，会計上は長期前払費用として計上し，償却期間にわたって期間費用に振り替える処理が行われることがある。このときには，一時差異が生じないので，税効果会計は必要ない。

しかし，会計上，長期前払費用として資産計上せず，支出時に全額費用処理した場合には，損益面では費用処理額だけ会計利益＜課税所得となって，会計利益に課税するよりも余分に税金を支払わなければならなくなる。資産負債面では，繰延資産が会計上は計上されないのに税務上は存在することになり，繰

延資産の貸借対照表価額＜税務価額となって将来減算一時差異が生じる。そこで，繰延税金資産を計上する。

その後，税務上は償却が行われるので，損益面では，償却額だけ会計利益＞課税所得となり，会計利益に課税するよりも納税額は少なくなる。これは，税法上の繰延資産計上時に先払いした税金でもって，償却年度の税金費用の支払いの一部を穴埋めしていることを意味する。資産負債面でも，税法上の繰延資産は償却によって徐々に減少していくので，将来減算一時差異も徐々に解消していく。よって，繰延税金資産も減額していく。

［設例 8-4］権利金支出の税効果

×1年度期首に事務所の2年間の賃借契約を結び，権利金100を支払った。権利金は明け渡しの際にも返還されず，また契約更新時には再度支払わなければならない。税率は0.3とする。

権利金の会計処理には，賃借料の一部の前払いと考えて，長期前払費用として資産計上し，賃借期間にわたって費用配分する方法と，支出時に全額費用処理する方法とがある。一方，税務上は繰延資産として計上し，数年間にわたって償却していくことが強制される。会計上，長期前払費用として計上する方法をとると，×1年度の処理は次のようになる。

×1年度期首

| | | | | | | |
|---|---|---|---|---|---|---|
| ［会計］ | （借） | 長期前払費用 | 100 | （貸） | 現　金 | 100 |
| ［税務］ | （借） | 繰延資産 | 100 | （貸） | 現　金 | 100 |

×1年度期末

| | | | | | | |
|---|---|---|---|---|---|---|
| ［会計］ | （借） | 賃借料 | 50 | （貸） | 長期前払費用 | 100 |
| | | 前払費用 | 50 | | | |
| ［税務］ | （借） | 繰延資産償却 | 50 | （貸） | 繰延資産 | 50 |

資産額，費用処理額とも，会計上と税務上とで一致するので，一時差異が生じることはなく，したがって税効果会計は必要ない。

しかし，会計上，権利金を支出時に費用処理すると，損益面では権利金額100だけ会計利益＜課税所得となって，会計利益に課税するよりも税金を30

（＝100×0.3）だけ余分に払うことになる。資産負債面では，税務上だけ繰延資産100が計上されるが，期末に50償却されるので，繰延資産の貸借対照表価額0＜税務価額50となって将来減算一時差異50が生じる。よって，繰延税金資産15（＝50×0.3）を計上する。

×1年度期首

| | | | | | |
|---|---|---|---|---|---|
| ［会計］（借）権利金（費用） | 100 | （貸）現　　金 | 100 |
| ［税務］（借）繰 延 資 産 | 100 | （貸）現　　金 | 100 |

×1年度期末

［会計］仕訳不要

| | | | |
|---|---|---|---|
| ［税務］（借）繰延資産償却 | 50 | （貸）繰 延 資 産 | 50 |
| ［会計］（借）繰延税金資産 | 15 | （貸）法人税等調整額 | 15 |

×2年度は，会計上の処理は何もないが，税務上は残った繰延資産を償却する。これによって将来減算一時差異は消滅するので，繰延税金資産を取り崩す。

［会計］仕訳不要

| | | | |
|---|---|---|---|
| ［税務］（借）繰延資産償却 | 50 | （貸）繰 延 資 産 | 50 |
| ［会計］（借）法人税等調整額 | 15 | （貸）繰延税金資産 | 15 |

## 《まとめ》

会計上の耐用年数が税務上よりも短かったり，会計上と税務上とで償却方法が異なっていて会計上の減価償却費が税務上の償却限度額を超えるときには，将来減算一時差異が生じるので，繰延税金資産を計上する。その後，耐用年数が経過するにつれて，貸借対照表価額と税務価額は近づき，将来減算一時差異は解消するので，繰延税金資産を徐々に取り崩す。

資産除去債務を計上すると，将来加算一時差異と将来減算一時差異の両方が生じ，資産除去債務の計上年度から固定資産の除却年度に至るまでの期間において，繰延税金資産は増加し，繰延税金負債は減少していくので，繰延税金資産と繰延税金負債の両方の計算が必要になる。

税法上の繰延資産を会計上は計上しない場合には，将来減算一時差異が生じ，繰延税金資産の計上が必要になる。

---

［復習問題8］

空欄に当てはまる語句を答えなさい。

会計上の耐用年数が税務上の法定耐用年数よりも短かったり，会計上の償却方法として定率法を採用する場合には，償却初期の段階において，会計上の減価償却費が税務上の償却限度額を［①］し，その［①］額だけ帳簿価額が税務価額を［②］ことになるので，この差額は［③］一時差異になる。このとき，固定資産の帳簿価額は税務価額よりも［④］く償却されて，償却後期には会計上の減価償却費が税務上の償却限度額を［②］ようになるので，この［③］一時差異は，耐用年数の経過とともに徐々に解消される。

【練習問題8-1】

×1年度期首に取得して利用している建物60,000千円に，会計上は耐用年数20年，残存価額0千円に基づく定率法（償却率0.1）で減価償却を実施しているのに対して，税務上の償却限度額は，耐用年数30年，残存価額0千円の定額法で算定している。×3年度の減価償却および税効果会計の処理を仕訳で説明しなさい。

【練習問題8-2】

保有している固定資産は次の通りである。

| 種類 | 取得年月 | 取得原価 | 会計 | | | 税務 | | |
|---|---|---|---|---|---|---|---|---|
| | | | 耐用年数 | 残存価額 | 償却方法 | 耐用年数 | 残存価額 | 償却方法 |
| 建物 | ×01年4月 | 8,000万円 | 20年 | 0円 | 定額 | 40年 | 0円 | 定額 |
| 機械 | ×08.　4 | 400 | 5 | 0円 | 200%定率 | 8 | 0円 | 定額 |
| 自動車 | ×09.　4 | 300 | 5 | 0円 | 定額 | 6 | 0円 | 定額 |
| 備品 | ×10.　4 | 60 | 3 | 0円 | 定額 | 5 | 0円 | 定額 |

このほか，×9年4月1日に権利金を200万円支払った。会計上は支払時に費用計上したが，税務上は繰延資産になり，5年間で償却する。当年度（×10年4月1日～×11年3月31日）期首および期末の繰延税金資産残高と当年度の法人税等調整額を計算しなさい。税率は40%とする。

【練習問題 8-3】

×1年10月1日に自社で利用するためのソフトウエア2,400千円を購入し利用を始めた。耐用年数3年で減価償却を実施しているが，税法上の耐用年数は5年である。ソフトウエアに係る当期（×2年4月1日～×3年3月31日）末における繰延税金資産または繰延税金負債と，当期の法人税等調整額を答えなさい。税率は35%である。

# 第９章　引当金・準備金等

学習内容

- □　引当金計上の税効果
- □　特別償却準備金の積立てと取崩しの税効果
- □　圧縮積立金の積立てと取崩しの税効果

《キーワード》

◦引当金　◦特別償却準備金方式　◦圧縮積立金方式

## １　引当金

会計上は，将来の特定の費用・損失であっても，その発生が当年度以前の事象に起因し，その発生の可能性が高く，その金額を合理的に見積ることができる場合には，当年度の実現収益に対応する金額を，**引当金**に繰入れて当年度の費用等とすることが求められる（企業会計原則注解（注 18））。ところが，法人税法は，支払いの時期または金額が不確定な費用等の損金算入を原則として認めず，それらが確定した年度の損金に算入することとしている。これは，恣意的な損金算入による所得操作を防ぐためである。そのため，政策的配慮から認められている中小企業や金融機関等の貸倒引当金や，特定業界に認められる返品調整引当金を除いて，引当金は税務上認められていない。

税務上は引当金が認められないことから，会計上，引当金を計上した場合には，費用等の年度帰属にズレが生じ，税務上の損金算入時期が，会計上の計上時期よりも遅れることになる。損益面では，引当金の計上年度で，その繰入額は費用等・非損金になって申告調整で加算されるので，会計利益＜課税所得となり，会計利益に課税するよりも（会計利益に税率をかけるよりも）余分に税金を払う先払効果が生じる。このとき，資産負債面では，引当金の貸借対照表価額＞税務価額という将来減算一時差異が生じる。そこで，繰延税金資産を計上して，貸借対照表上で先払税金を示す。

その後，引当金を戻し入れた年度には，損益面では，その戻入額は収益・非益金になって申告調整で減算されるので，会計利益＞課税所得となり，会計利益に課税するよりも少ない納税額で済む。このとき，資産負債面では，もともと税務上はなかった引当金が会計上もなくなるので，将来減算一時差異が消滅する。引当金計上年度の先払税金によって，戻入年度に発生した税金費用の支払いを減少させたことになるので，繰延税金資産を取り崩す。

**ポイント**

**引当金は将来減算一時差異なので繰延税金資産を計上。**

**図 9-1　引当金の税効果**

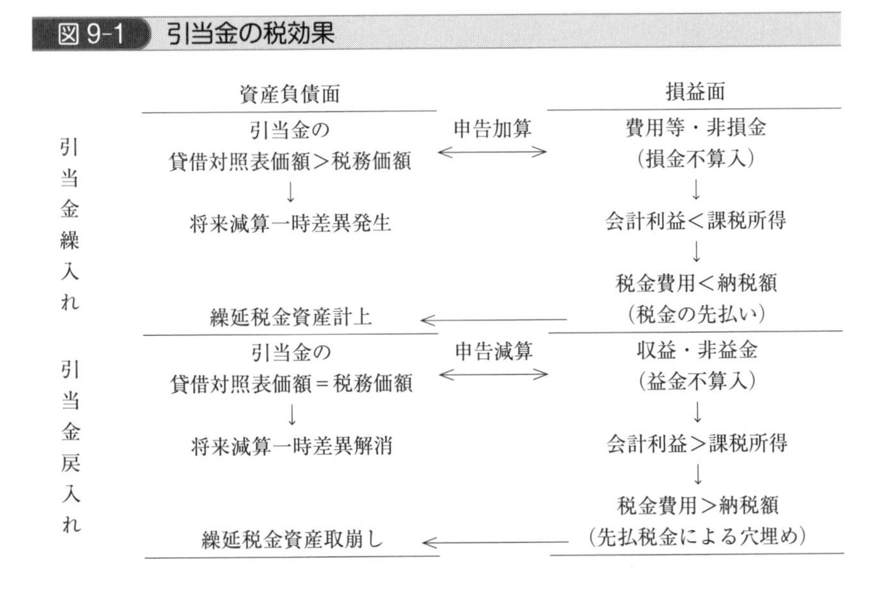


［設例 9-1］ 賞与引当金の税効果

×1年度末に，翌年度初めの賞与支払いに備えるために，当年度に負担すべき100を賞与引当金に繰り入れた。しかし，税務上は賞与引当金は認められないので，賞与引当金の貸借対照表価額＞税務価額という将来減算一時差異100が生じる。税率を0.3とすると，繰延税金資産30（＝100×0.3）を計上する。損益面では，賞与引当金繰入額100は費用等・非損金で損金不算入となって申告調整で加算されるので，会計利益が課税所得を100下回わり，会計利益に課税するよりも税金を30余分に支払うことになる。この先払税金が，繰延税金資産として表示される。

［会計］（借）賞与引当金繰入　100　（貸）賞与引当金　100
［税務］仕訳不要
［会計］（借）繰延税金資産　30　（貸）法人税等調整額　30

×2年度になって実際に賞与を支払ったときには，会計上は賞与引当金を戻し入れて賞与引当金がなくなるので，×1年度に生じた将来減算一時差異は解消される。損益面では，賞与引当金戻入額が収益・非益金となって申告調整で減算されるので，会計利益＞課税所得となり，会計利益に課税するよりも納税額が30少なくなる。これは，×2年度の税金費用のうち30が，すでに×1年度に先払いされているからである。よって，繰延税金資産を取り崩す。

［会計］（借）賞与引当金　100　（貸）賞与引当金戻入　100
［税務］仕訳不要
［会計］（借）法人税等調整額　30　（貸）繰延税金資産　30

［設例9-2］退職給付引当金の税効果

×1年度の退職給付に関する資料は次の通りである。税率は0.3とする。

|  |  |
|---|---|
| 期首退職給付引当金 | 2,600 |
| 当期勤務費用 | 800 |
| 当期利息費用 | 90 |
| 年金資産への当期掛金拠出 | 300 |
| 年金資産の当期期待運用収益 | 200 |
| 過去勤務費用の当期費用処理額 | 15 |
| 数理計算上の差異（有利差異）の当期費用処理額 | 5 |

×1年度の退職給付費用は700（＝800＋90－200＋15－5），年金資産への拠

出額は300なので，退職給付引当金は400（＝700－300）増加する。しかし，税務上は退職給付引当金は認められない。

［会計］（借）退職給付費用　700　（貸）現　金　300
　　　　　　　　　　　　　　　　　　退職給付引当金　400

［税務］仕訳不要

×1年度末の退職給付引当金は3,000（＝2,600＋400）となるのに対して，税務上の退職給付引当金は0なので，退職給付引当金の貸借対照表価額3,000＞税務価額0という将来減算一時差異3,000が生じる。これに対する繰延税金資産は900（＝3,000×0.3）となる。ところで，期首には退職給付引当金2,600に対する繰延税金資産780（＝2,600×0.3）が計上済みなので，繰延税金資産の当年度増加額は120（＝900－780＝400×0.3）となる。

［会計］（借）繰延税金資産　120　（貸）法人税等調整額　120

退職給付引当金の期末残高が期首残高よりも減少する場合には，将来減算一時差異が一部解消することになるので，上と逆の仕訳をして，繰延税金資産を減額する。

## 2　特別償却準備金

### (1)　特別償却の税効果

適正な利益計算あるいは担税力ある所得の計算の観点からではなく，政策上の理由から特定の資産への投資を促すために，計画的・規則的な正規の減価償却に加えて，税務上だけ追加の償却を行うことを認めて，耐用年数よりも早く償却を終わらせる**特別償却**という制度がある。これはあくまでも税制上認められるものであって，一般に公正妥当と認められる企業会計の基準等では認められない。

償却の早期化によって，固定資産利用の初期の段階では，課税所得したがって納税額が減少するかわりに，後半には償却余地がなくなるので，課税所得したがって納税額は増加する。このように，特別償却には，課税の延期すなわち繰延効果がある。特別償却の会計処理方法には，特別償却額を，減価償却費に含めて会計利益計算に反映させる減価償却方式と，剰余金の処分を通じて特別償却準備金として積み立てて積立額を損金算入する**特別償却準備金方式**とがある。ただし，前述のように，減価償却方式は，一般に公正妥当と認められる方法ではない。

［設例9-3］特別償却の税効果（減価償却方式）

×0年度期末に特別償却適用可能な機械（取得原価4,500）を取得して使い始めた。×0年度末に特別償却1,350を実施し，償却額は減価償却費に含めて計上する。

［会計］（借）減価償却費　1,350　（貸）機　械　1,350
［税務］同上

×1年度以降，耐用年数9年，残存価額0，定額法で減価償却を行うと，×1年度から×6年度までの毎年の減価償却費が，会計上も税務上もともに500（＝4,500×1/9）となる。よって，会計上も税務上も，毎年次の処理が行われる。

［会計］（借）減価償却費　500　（貸）機　械　500
［税務］同上

このように，特別償却を行っても，特別償却額を減価償却費に含めて計上すると，機械の貸借対照表価額と税務価額は一致するので，一時差異は生じない。

ところで，次ページの表からわかるように，特別償却をすると，機械の帳簿価額が×7年度には0になってしまい，×8年度以降は減価償却ができなくなる。

×7年度
［会計］（借）減価償却費　150　（貸）機　械　150
［税務］同上

×8年度・×9年度
［会計］仕訳不要
［税務］同上

| 年度 | 特別償却なし | | | 特別償却あり | | | ⑤－② |
|---|---|---|---|---|---|---|---|
| | ①<br>期首簿価 | ②<br>償却費 | ③<br>期末簿価<br>①－② | ④<br>期首価額 | ⑤<br>償却費 | ⑥<br>期末価額<br>④－⑤ | |
| ×0 | 4,500 | 0 | 4,500 | 4,500 | 1,350 | 3,150 | 1,350 |
| ×1 | 4,500 | 500 | 4,000 | 3,150 | 500 | 2,650 | 0 |
| ×2 | 4,000 | 500 | 3,500 | 2,650 | 500 | 2,150 | 0 |
| ×3 | 3,500 | 500 | 3,000 | 2,150 | 500 | 1,650 | 0 |
| ×4 | 3,000 | 500 | 2,500 | 1,650 | 500 | 1,150 | 0 |
| ×5 | 2,500 | 500 | 2,000 | 1,150 | 500 | 650 | 0 |
| ×6 | 2,000 | 500 | 1,500 | 650 | 500 | 150 | 0 |
| ×7 | 1,500 | 500 | 1,000 | 150 | 150 | 0 | △350 |
| ×8 | 1,000 | 500 | 500 | 0 | 0 | 0 | △500 |
| ×9 | 500 | 500 | 0 | 0 | 0 | 0 | △500 |
| | | | | | | 合計 | 0 |

特別償却を減価償却方式で行うと，初年度の損金算入可能な減価償却費が多くなり，課税所得したがって納税額を減少させる。税率を0.3とすると，×0年度の納税額が405（＝1,350×0.3）減少する。しかし，この納税額の減少は永遠なものではなく，耐用年数の終盤において取り返される。この設例では，特別償却をしない場合に比べて，×7年度に350，×8年度と×9年度にそれぞれ500ずつ減価償却費が減少し，課税所得が増加する。納税額は×7年度で105（＝350×0.3），×8年度と×9年度に150（＝500×0.3）ずつ計405増加するので，耐用年数全体では，×0年度の節税額405は帳消しになる。

このように，特別償却は，税金を支払うタイミングを，×0年度から×7年度以降に，単に延期しただけであり，耐用年数を通じた納税額全体は（途中で税率の変更がない限り）変わらない。ただし，この間，会社は特別償却によって資金405をいわば税務当局から無利子で借り入れたようなものであるから，会社は金利分だけ得したことになる。これが特別償却のベネフィットである。

### (2)　特別償却準備金方式による特別償却

特別償却はあくまで税制上の措置であって，会計上の制度ではない。特別償却は，資産の利用によって消費された価値の低下分ではないので，会社計算規則でいう相当の償却には該当しない。にもかかわらず，［設例9-3］のように，特別償却額を減価償却費に含めて対象資産の帳簿価額から直接減額すると，利益も資産の貸借対照表価額も過少計上されることになり，期間利益計算や財政状態表示が歪められてしまう。これを避けるためには，特別償却を行っても，減価償却を通じて対象資産の貸借対照表価額を減少させてはならない。

そこで，特別償却の手続は，剰余金の処分を通じて行われるのが一般的である。特別償却を実施した年度（初年度であることが多い。）には，その年度の剰余金の処分を通じて，特別償却額をその他利益剰余金のなかの**特別償却準備金**として繰越利益剰余金から積み立てる。この特別償却準備金の積立ては，会計上は，利益剰余金の内部で繰越利益剰余金を特別償却準備金に振り替えるという株主資本等変動計算書上だけの処理になる。だから，特別償却準備金方式による特別償却は，損益計算書を通らず，会計利益計算には影響しない。しかし，税務上は，この積立額の損金算入が認められる（租税特別措置法52条の3第1項）。つまり，非費用等・損金となって申告減算されるのである。そのため，会計利益＞課税所得となり，会計利益に課税するよりも納税額は少なくなる。

特別償却準備金は，会計上は利益剰余金の1つであるけれども，税務上は負債とされる。対象資産に対する評価勘定（対象資産のマイナス）のようにも見えるけれども，税法は，特別償却準備金を対象資産の税務価額とは切り離して独立したものとして扱うことにしている。たとえば，対象資産を売却したときの売却損益を計算するのに，対象資産の帳簿価額から特別償却準備金残高を控除して売却原価を計算したりはしない。対象資産が売却などによって耐用年数の途中でなくなっても，特別償却準備金は，当初の計画通り耐用年数にわたって取り崩していくのである。

特別償却準備金は，会計上は利益剰余金となるのに対して，税務上は負債となるので，特別償却額だけ負債の貸借対照表価額＜税務価額となり，将来加算一時差異が生じることになる。よって，繰延税金負債を計上する。

**ポイント**

**特別償却準備金は，会計上は利益剰余金に含まれるのに対して，税務上は負債になる。よって，将来加算一時差異が生じるので，繰延税金負債を計上する。**

ただし，繰延税金負債の計上に伴って法人税等調整額も費用計上されるので，それだけ当期純利益ひいては繰越利益剰余金が減少する。このように，すでに繰延税金負債相当額（繰延税金費用）が，繰越利益剰余金から繰延税金負債に振り替え済みのところへ，さらに特別償却額を剰余金処分によって繰越利益剰余金から特別償却準備金に振り替えると，繰延税金負債相当額が二重に繰越利益剰余金から減額されてしまう。この二重の減額を避けるためには，剰余金処分において，特別償却額から繰延税金負債相当額を控除した残りだけを特別償却準備金として積み立てればよい。この結果，繰延税金負債と特別償却準備金の合計額が，将来加算一時差異額を表すことになる。

**図 9-2　特別償却準備金の税効果**

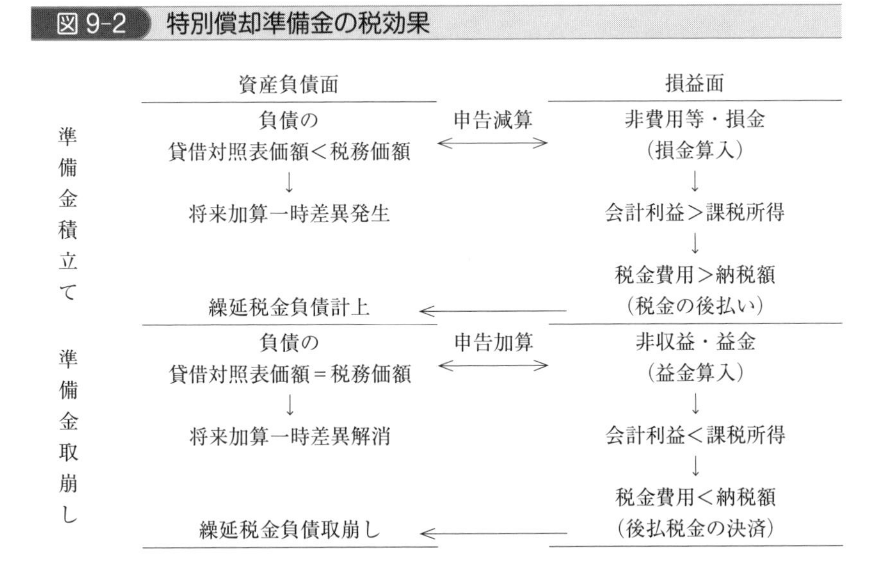

**ポイント**

**会計上，積み立てられる特別償却準備金は，特別償却額から繰延税金負債相当額を控除した残額になる。**

特別償却準備金は，積み立てられた年度の翌年度から7年（対象資産の耐用年数が10年未満の場合は，5年か耐用年数のいずれか少ない年数）間に均等額を取り崩して益金に算入することが，税法上求められる（租税特別措置法52条の3第5項）。この取崩しによって，将来加算一時差異は徐々に縮小していき，特別償却準備金が最終的にすべて取り崩されたときに消滅する。特別償却準備金の取崩しも剰余金の処分として行われるので，会計利益計算には影響しない。取崩年度では，非収益・益金となって申告加算され，会計利益＜課税所得となり，会計利益に課税するよりも余分に税金を払うことになる。この追加払いは，特別償却準備金を積み立てたときの納税額の節約額の清算である。したがって，特別償却準備金の積立てから取崩終了までの期間を通算すれば，会計利益と課税所得は一致する。

[設例9-4]　特別償却準備金方式

×0年度期末に特別償却適用可能な機械（取得原価4,500）を使い始めた。×0年度に特別償却1,350を実施し，剰余金の処分として特別償却準備金を積み立て，税務上は積立額を損金算入し，翌年度から5年間で均等額ずつ取崩し益金算入する。税率は0.3とする。

特別償却準備金積立額は非費用等・損金として損金算入されて申告調整で減算される結果，会計利益＞課税所得となって，会計利益に課税するよりも納税額は少なくなる。また，負債面では，会計上は負債でない特別償却準備金が税務上は負債になることから，負債の貸借対照表価額0＜税務価額1,350という将来加算一時差異1,350が生じる。したがって，繰延税金負債405（＝1,350×0.3）を計上する。これによって，法人税等調整額405だけ当期純利益，したがって繰越利益剰余金は減少する。ここで，さらに繰越利益剰余金から特別償却準備金へ1,350を振り替えると，利益剰余金計算上，繰延税金負債相当額

（法人税等調整額）405が2回減額されてしまう。そこで，特別償却準備金は繰延税金負債相当額を控除した945（＝1,350－405）を積み立てる。一方，税務上は，会計上積み立てられた特別償却準備金に繰延税金負債を加えたもの，すなわち特別償却額が，負債として計上される。

| | | | | | |
|---|---|---|---|---|---|
| ［会計］ | （借） | 繰越利益剰余金<br>（利益剰余金） | 945 | （貸） | 特別償却準備金<br>（利益剰余金） | 945 |
| ［税務］ | （借） | 特別償却額<br>（損　　金） | 1,350 | （貸） | 特別償却準備金<br>（負　　債） | 1,350 |
| ［会計］ | （借） | 法人税等調整額 | 405 | （貸） | 繰延税金負債 | 405 |

×1年度から会計上も税務上も，耐用年数9年，残存価額0，定額法で減価償却を行うと，毎年の減価償却費は，会計上も税務上もともに500（＝4,500×1/9）となる。

［会計］（借）減価償却費　500　（貸）機　　械　500
［税務］同上

問題は，特別償却準備金取崩しの処理である。特別償却による将来加算一時差異は，積立ての翌年から5年間にわたって毎年均等額減らしてしていくので，×1年度以降，将来加算一時差異が270（＝1,350÷5年）減少する。これは非収益・益金となって申告加算され，会計利益＜課税所得となるので，会計利益に課税するよりも余分に税金を81（＝270×0.3）払うことになる。この超過払分は，×0年度の節税額を後払いしたことになるので，それだけ繰延税金負債を減額する。特別償却準備金取崩額は189（＝945÷5年＝270－81）となる。繰延税金負債と特別償却準備金の取崩しは，会計上は，貸方法人税等調整額による当期純利益の増加と，利益剰余金の内部での特別償却準備金からの振替えを通じた繰越利益剰余金の増加をもたらすのに対して，税務上は負債の取崩しとして益金に算入する。税務上の特別償却準備金取崩額は，270（＝1,350÷5年）となる。

［会計］（借）特別償却準備金　189　（貸）繰越利益剰余金　189
　　　　　　（利益剰余金）　　　　　　（利益剰余金）
［税務］（借）特別償却準備金　270　（貸）特別償却準備金取崩額　270

| | （負　　債） | | （益　　金） | |
|---|---|---|---|---|
| ［会計］（借） | 繰延税金負債 | 81 | （貸）法人税等調整額 | 81 |

特別償却準備金の取崩しが完了する×5年度までは，×1年度と同じ処理が繰り返される。この結果，×5年度末には特別償却準備金も繰延税金負債も，ともに0になる。よって，×6年度以降は，税効果会計の余地はない。

## 3　圧縮積立金

### (1)　圧縮記帳の税効果

国庫補助金や保険差益は，税務上も益金となるので，課税所得に含められ課税される。しかし，せっかく受け取った国庫補助金や保険金の一部が税金として社外に流出しては，補助や保険の目的となった資産の取得に支障をきたし，国庫補助金の助成目的や保険契約の意図が達成されなくなるおそれがある。そこで，国庫補助金や保険差益などへの課税を政策的に将来に延期するための技術として，**圧縮記帳**が認められている。圧縮記帳の会計処理には，国庫補助金等の金額を，資産の取得価額から直接減額して圧縮損を損金算入する**直接減額方式**と，剰余金の処分によって圧縮積立金を積み立てて，その積立額を損金算入する**積立金方式**とがある。

［設例9-5］圧縮記帳の税効果

×0年度期末に国庫補助金1,350を受け取り機械（取得原価4,500）を取得し使い始めた。会計上も税務上は，耐用年数9年，残存価額0，定額法で減価償却を行う。税率は0.3とする。

圧縮記帳を行わないと，毎年の減価償却費は500（＝4,500×1/9）となる。

一方，圧縮記帳を直接減額方式で行うと，×0年度に資産の取得原価が1,350減額され圧縮損が計上される。

［会計］補助金受入（借）現　　　金　1,350　（貸）国庫補助金　1,350
（収　　益）
機械取得　（借）機　　　械　4,500　（貸）現　　　金　4,500
圧縮記帳　（借）圧　縮　損　1,350　（貸）機　　　械　1,350
（費　　用）
［税務］同上

対象資産の圧縮後の取得原価は3,150（＝4,500－1,350）となるので，直接減額方式をとった場合の×1年度以降の毎年の減価償却費は，会計上も税務上も350（＝3,150×1/9）となる。

［会計］（借）減価償却費　350　（貸）機　　械　350
［税務］同上

| 年度 | 圧縮記帳なし | | | 圧縮記帳あり | | | | ②－(⑤＋⑥) |
|---|---|---|---|---|---|---|---|---|
| | ①<br>期首簿価 | ②<br>償却費 | ③<br>期末簿価<br>①－② | ④<br>期首簿価 | ⑤<br>圧縮損 | ⑥<br>償却費 | ⑦<br>期末簿価<br>④－⑤－⑥ | |
| ×0 | 4,500 | 0 | 4,500 | 4,500 | 1,350 | 0 | 3,150 | △1,350 |
| ×1 | 4,500 | 500 | 4,000 | 3,150 | 0 | 350 | 2,800 | 150 |
| ×2 | 4,000 | 500 | 3,500 | 2,800 | 0 | 350 | 2,450 | 150 |
| ×3 | 3,500 | 500 | 3,000 | 2,450 | 0 | 350 | 2,100 | 150 |
| ×4 | 3,000 | 500 | 2,500 | 2,100 | 0 | 350 | 1,750 | 150 |
| ×5 | 2,500 | 500 | 2,000 | 1,750 | 0 | 350 | 1,400 | 150 |
| ×6 | 2,000 | 500 | 1,500 | 1,400 | 0 | 350 | 1,050 | 150 |
| ×7 | 1,500 | 500 | 1,000 | 1,050 | 0 | 350 | 700 | 150 |
| ×8 | 1,000 | 500 | 500 | 700 | 0 | 350 | 350 | 150 |
| ×9 | 500 | 500 | 0 | 350 | 0 | 350 | 0 | 150 |
| | | | | | | | 合計 | 0 |

圧縮記帳を行うと，×0年度の納税額が減少するが，この節税額は×1年度以降耐用年数にわたって取り戻される。つまり，圧縮記帳は絶対的な節税をもたらすものではなく，課税の繰延効果を有するにすぎない。

### (2)　積立金方式による圧縮記帳

直接減額方式をとった場合には，資産の貸借対照表価額と税務価額は一致するので，税効果会計は不要である。

一方，積立金方式をとった場合には，圧縮積立金が，会計上はその他利益剰余金の１つになるのに対して，税務上は評価勘定，すなわち圧縮対象資産の帳簿価額に対するマイナスとしての性格を有する。そのため，圧縮対象資産の貸借対照表価額＞税務価額という将来加算一時差異が生じ，繰延税金負債を計上することになる。圧縮積立金も，特別償却準備金と同じ理由で（☞本章2(2)），繰延税金負債相当額を控除した残額が積み立てられる。

圧縮積立金は，税務上も対象資産の評価勘定としての性格を有するので，特別償却準備金とは異なり，対象資産の耐用年数にわたって，各年度の減価償却費（したがって，資産の帳簿価額の減少額）に含まれる圧縮記帳相当額が取り崩され，取崩額は益金に算入される。

**ポイント**

**圧縮積立金は，会計上は利益剰余金に含まれるのに対して，税務上は資産のマイナスとなって，将来加算一時差異になるので，繰延税金負債を計上する。**

［設例9-6］積立金方式による圧縮記帳

［設例9-5］は直接減額方式をとっているが，これにかえて積立金方式を採用した場合には，毎年の減価償却費は，会計上も税務上もともに500（＝4,500×1/9）となる。

一方，圧縮記帳額1,350は非費用等・損金なので，×0年度に申告調整で減算され，会計利益＞課税所得となって，会計利益に課税するよりも納税額は少なくなる。また，資産負債上は，税務上，圧縮積立金は資産のマイナスとなるので，機械の貸借対照表価額4,500＞税務価額3,150（＝4,500－1,350）となり，将来加算一時差異1,350が生じる。よって，繰延税金負債405（＝1,350×0.3）を計上する。ただし，会計上，剰余金処分による圧縮積立金積立額は繰延税金負債相当額を控除した945（＝1,350－405）となる。一方，税務上の圧縮積立金額は，繰延税金負債相当額を含む1,350となる。

| | | | | | | | |
|---|---|---|---|---|---|---|---|
| ［会計］ | 補助金受入 | （借） | 現　　　金 | 1,350 | （貸） | 国庫補助金<br>（収　益） | 1,350 |
| | 機械取得 | （借） | 機　　　械 | 4,500 | （貸） | 現　　　金 | 4,500 |
| | 剰余金処分 | （借） | 繰越利益剰余金<br>（利益剰余金） | 945 | （貸） | 圧縮積立金<br>（利益剰余金） | 945 |
| ［税務］ | 補助金受入 | （借） | 現　　　金 | 1,350 | （貸） | 国庫補助金<br>（益　金） | 1,350 |
| | 機械取得 | （借） | 機　　　械 | 4,500 | （貸） | 現　　　金 | 4,500 |
| | 圧縮記帳 | （借） | 圧縮記帳額<br>（損　金） | 1,350 | （貸） | 圧縮積立金<br>（資産のマイナス） | 1,350 |
| ［会計］ | 税効果 | （借） | 法人税等調整額 | 405 | （貸） | 繰延税金負債 | 405 |

×1年度の減価償却費500のうち150は圧縮記帳に対応する金額なので（［設例9-4］で示したように，直接減額方式によると，減価償却費は350になるので，500との差額150が圧縮記帳に対応する金額になる。），税務上は圧縮記帳積立金を150取り崩す。これによって将来加算一時差異が150減少する。この圧縮積立金取崩額150は，非収益・益金となって益金算入され申告調整で加算されるため，会計利益＜課税所得となり，圧縮記帳による節税額の一部を返すことになるので，繰延税金負債を45（＝150×0.3）減額する。なお，会計上の圧縮積立金の取崩額は105（＝150×（1－0.3）＝945÷9年）となる。

| | | | | | | |
|---|---|---|---|---|---|---|
| ［会計］ | （借） | 減価償却費 | 500 | （貸） | 機　　　械 | 500 |
| | （借） | 圧縮積立金<br>（利益剰余金） | 105 | （貸） | 繰越利益剰余金<br>（利益剰余金） | 105 |
| ［税務］ | （借） | 減価償却費 | 500 | （貸） | 機　　　械 | 500 |
| | （借） | 圧縮積立金<br>（資産のマイナスのマイナス） | 150 | （貸） | 圧縮積立金取崩額<br>（益金） | 150 |
| ［会計］ | （借） | 繰延税金負債 | 45 | （貸） | 法人税等調整額 | 45 |

×2年度以降も，減価償却の手続は×1年度と同じである。したがって，会計上の圧縮積立金取崩額も毎年105，税務上の圧縮積立金取崩額も毎年150となるので，繰延税金負債を毎年45ずつ減額していく。この結果，耐用年数の経過する×9年度末には繰延税金負債は0になる。

## 《まとめ》

引当金は，原則として税務上認められないので将来減算一時差異になり，その発生時に繰延税金資産を計上し，解消時に繰延税金資産を減額する。税法上の特別償却準備金は，会計上は利益剰余金であるのに対して，税務上は負債となるので，将来加算一時差異となり，その発生時に繰延税金負債を計上し，その取崩時に繰延税金負債を減額する。圧縮積立金は，会計上は利益剰余金であるのに対して，税務上は資産のマイナスになるので，将来加算一時差異となり，その発生時に繰延税金負債を計上し，その取崩時に繰延税金負債を減額する。

［復習問題9］

空欄に当てはまる語句を答えなさい。

減価償却資産について［①］（積立金方式）により圧縮記帳を実施した場合には，会計上の簿価は固定資産の取得価額で計上され，その後の［②］計算等の基礎となるが，税務価額は固定資産の取得価額から［③］を控除した後の額となり，当該資産の会計上の簿価と税務価額との間に差額が生ずる。この差額は，将来の［②］の実施により，会計上の［②］費が税務上の［②］費の損金算入限度額を［④］することになり，当該償却［④］額に相当する額について［③］を取り崩し，将来の課税所得の計算上当該［③］取崩高が［⑤］されることになるため，［⑥］となる。そのほか，［⑥］の例としては，税務上の［⑦］額や資産または負債の評価替えにより生じた［⑧］を挙げることができる。

圧縮積立金，特別償却準備金，その他租税特別措置法上の諸準備金の［⑨］および［⑩］は，［⑪］を控除した純額による。つまり純資産の部に計上する諸準備金等については，［⑫］控除後の純額を積み立てることとなる。

【練習問題9-1】

決算にあたって，賞与引当金を計上する。翌年度の夏季賞与（対象期間12月～5月）の支給見込額は7,500万円である。なお，前期末には賞与引当金4,000万円を計上していた。決算日は3月31日，税率は40%とする。

1. 貸借対照表に計上する賞与引当金の金額を答えなさい。

2. 賞与引当金の計上に伴って認識される当期末の繰延税金資産または繰延税金負債と当期の法人税等調整額の金額を答えなさい。

【練習問題 9-2】

退職給付会計に関する〔資料〕に基づいて，退職給付引当金に係る当期末の繰延税金資産または繰延税金負債の金額を答えなさい。税率は30%とする。

〔資料〕

▶期首退職給付引当金　14,100 万円
▶期首退職給付債務　29,500
▶期首年金資産　12,000
▶当年度退職一時金　820
▶当年度勤務費用　1,500
▶当年度年金基金掛金　610
▶期首未認識数理計算上の差異（積立不足）　3,400
（前々年度発生分 1,800，前年度発生分 1,600）
発生年度の翌年度から 10 年で償却
▶割引率　2%
▶期待運用収益率　1%

【練習問題 9-3】

修繕引当金を前期末に 900 千円，当期末に 1,200 千円計上している。修繕引当金に係る当期末の繰延税金資産または繰延税金負債および当期の法人税等調整額の金額を答えなさい。ただし，税率は 35%とする。

【練習問題 9-4】

×1 期末に国庫補助金 3,000 千円を受け取り，自己資金とあわせて 9,000 千円の機械を取得した。この機械には積立金方式による圧縮記帳を行う。減価償却は，会計上も税務上も耐用年数 5 年，残存価額 0 千円とする定率法（償却率 0.4）によって実施していたが，×3 期末に，この機械を除却した。×1 期から×3 期までの，減価償却，除却，剰余金処分および税効果の仕訳を示しなさい。税率は 30%とする。

# 第10章　連結財務諸表

学習内容

- □ 子会社資産・負債の時価評価差額の税効果
- □ 投資に係る一時差異の税効果
- □ 未実現損益消去の税効果
- □ 債権債務の相殺の税効果
- □ 持分法

《キーワード》

○連結財務諸表固有の一時差異　○子会社の資産・負債の評価差額
○債権・債務の相殺消去に伴う貸倒引当金の減額
○子会社への投資に係る一時差異　○持分法の適用上の一時差異

## 1　連結財務諸表固有の税効果会計手続

### (1)　連結財務諸表の作成における税効果会計

税効果会計は財務会計上の手続であるから，連結財務諸表の作成においても適用されるが，その説明に入る前に，連結財務諸表の作成手続の特徴を確認しておこう。連結財務諸表は，連結集団内の各連結会社の個別財務諸表を合算し，それに連結会社間の資本連結，未実現損益の消去，債権・債務の相殺消去などの連結修正を行って作成される。連結用の仕訳帳とか総勘定元帳といった帳簿を用意して日々の取引をそれらに記帳し，期末に連結用総勘定元帳に基づいて連結決算を行い連結財務諸表を作成する，ということはしない。

連結用総勘定元帳というものが存在しないとなると，まずはじめに連結貸借対照表に記載される各科目の期首残高を決めなければならない。でないと，期中における連結会計上の資産・負債の増減額，したがって連結利益が決まらないからである。とはいえ，個別貸借対照表上の各科目の前期末残高を連結集団内で単純に合算しても，連結会計上の期首残高にはならない。連結貸借対照表の各科目の前期末残高は，個別貸借対照表の各科目ごとに前期末残高を連結集団内で合算したものに，前期末までの連結修正を加えた後の金額だからである。そこで，個別貸借対照表上の各科目ごとの期首残高の合算額を連結会計上の期首残高に修正するための会計処理が必要になる。この会計処理を仕訳で表したものが，いわゆる開始仕訳とよばれるものである。連結財務諸表の作成にあたっては，毎年この手続が繰り返される。連結会計上の各科目の期首残高を決めるための開始仕訳のうち，連結会計上の会計方針の統一，子会社の資産・負債の時価評価，前期末における未実現損益の消去などに税効果会計は関係する。

各科目の連結上の期首残高が決まると，次に当期中の連結会社間取引によって生じた未実現損益を消去する。これによって，未実現損益の含まれる資産の買手側の連結貸借対照表価額が減少する。また，連結会社間の債権と債務も相殺する。さらに，消去された債権に対する貸倒引当金も減額する。

ところで，たとえ連結財務諸表を作成していても，課税所得計算は各連結会社単位で行われ，法人税等も個別の会社ごとに支払われる[*)]。そのため，各資産・負債の連結集団内での税務価額の合算額は，上で述べたような連結手続を経た連結貸借対照表価額とは異なってくる。その結果，連結会社間で合算した納税額と連結損益計算書上の税金等調整前当期純利益との対応関係が歪められるとともに，連結貸借対照表が連結集団の将来税金キャッシュフローの予測にも役立たなくなる。そこで税効果会計が必要になる。

**連結財務諸表における税効果会計**は，連結上の資産・負債の貸借対照表価額と税務価額との差異の税効果を，連結財務諸表に反映させるために，個別財務諸表において一時差異等にかかる税効果会計を適用した後に，連結財務諸表作

---

*）連結納税制度を採用している場合には，親会社が連結会社（ただし，連結財務諸表と連結納税では，連結の範囲が異なる。）を代表して法人税（住民税や事業税は別。）の支払いをするが，それでも各連結会社ごとの法人税負担額を算定することが義務づけられている。

成手続において連結財務諸表固有の一時差異にかかる法人税等の金額を期間配分する手続である（連結税効果指針2）。連結財務諸表における税効果会計の適用手順は，次のようになる（連結税効果指針10）。

① 各連結会社ごとに個別財務諸表項目に存在する一時差異等に対して繰延税金資産または繰延税金負債を計上して個別財務諸表を作成する。

② 資本連結などの連結手続上生じた一時差異に対して，その差異の発生した個別の会社において税効果を認識して繰延税金資産または繰延税金負債ならびに法人税等調整額を計算し，連結財務諸表に計上する。

上記②の過程で，**連結財務諸表固有の一時差異**が生じる。これには，次のようなものがある（連結税効果指針3・4）。

▶資本連結に際し，子会社の資産・負債の時価評価により生じた評価差額

▶連結会社間の取引から生じる未実現損益の消去額

▶連結会社間の債権と債務の相殺消去により貸倒引当金を減額修正した場合の修正額

▶連結上の会計方針の統一を連結手続上で行った場合に，連結貸借対照表上の資産・負債額が個別貸借対照表上のその価額と相違するときのその差額

▶子会社の資産・負債が連結貸借対照表に合算される結果生じる子会社純資産に対する親会社持分額とのれん未償却残高の合計額（**投資の連結貸借対照表上の価額**という[*]。）と，親会社の個別貸借対照表上の子会社株式の貸借対照表価額との差額

---

*）親会社の子会社に対する投資額は，親会社の個別貸借対照表では子会社株式価額として，また連結貸借対照表では子会社の（時価評価後の）資産・負債すなわち純資産のうち親会社持分相当額とのれん残高の合計額として，それぞれ示される。投資の連結貸借対照表上の価額は，連結貸借対照表における子会社に対する投資額のことであり，連結上の子会社株式の価値といえる。ただし，連結貸借対照表に「投資の連結貸借対照表上の価額」という科目が記載されるわけではなく，その金額は，連結貸借対照表に記載された子会社の資産・負債の親会社持分額にのれん残高をあわせた金額として計算される。

一括して支配を獲得したときには，（子会社株式を時価で取得している限り）親会社の個別貸借対照表上の子会社株式の貸借対照表価額と，連結上の投資の連結貸借対照表上の価額とは一致する。しかし，段階的に子会社株式を取得して支配を獲得したときには，連結上の子会社株式は支配獲得時の時価で再評価されるので（連結会計基準23(1)），連結上の子会社株式の価額と連結上の投資の連結貸借対照表上の価額とは一致しない。このとき，評価差額だけ，親会社における子会社株式の個別貸借対照表価額（＝税務価額）と投資の連結貸借対照表価額との間に差異が生じる。

図 10-1 個別税効果会計と連結税効果会計の関係

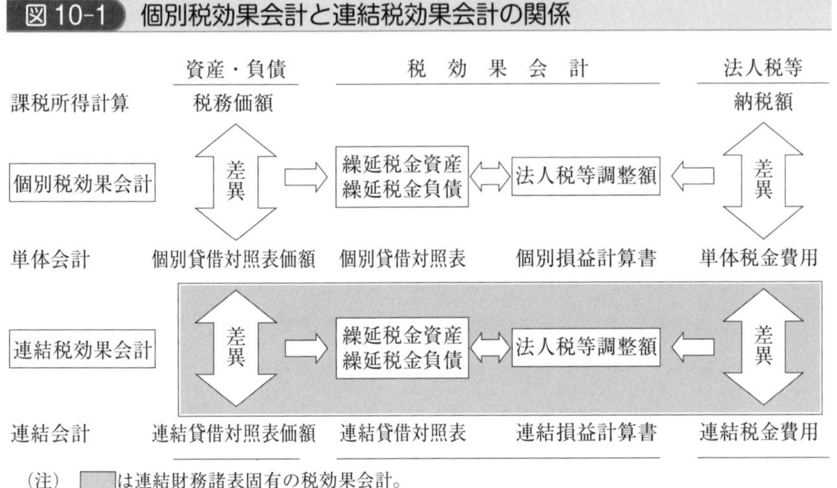

（注）　は連結財務諸表固有の税効果会計。

### (2) 連結財務諸表固有の一時差異

連結財務諸表固有の一時差異にも，将来減算一時差異と将来加算一時差異とがある。これらは，資産・負債の個別貸借対照表価額と連結貸借対照表価額との差異を原因として生じる。連結会計上の一時差異は，資産・負債の連結貸借対照表価額と税務価額との差異である。この差異は連結貸借対照表価額と個別貸借対照表価額との差異（すなわち，連結財務諸表固有の一時差異）と，個別貸借対照表価額と税務価額との差異（前章までで学習済み。）とに分解できる。このうち，個別貸借対照表価額と税務価額との差異の税効果は，すでに個別財務諸表上で認識されている。そこで，連結会計上は，連結貸借対照表価額と個別貸借対照表価額との差異，すなわち連結財務諸表固有の一時差異を認識すれば足りる。

連結財務諸表固有の将来減算一時差異は，連結貸借対照表上の資産（負債）額が個別貸借対照表上の資産（負債）額を下（上）回る差異であり，将来，連結貸借対照表上の資産・負債が回収・決済されるなどして解消されるものである。このような将来減算一時差異が解消する年度では，その解消額だけ連結会計利益が個別会計利益を上回ることになる。法人税等は，個別会計利益を基礎として課税されるので，将来減算一時差異発生時の納税額は，連結会計利益に課税される（連結会計利益に税率をかける）よりも多くなる。このように，将来減算一時差異発生時には税金の先払いが生じることになるので，将来減算一時差異発生時に繰延税金資産を計上する。これによって，連結貸借対照表上で将来の納税額の減少を示すことができる。

> **ポイント**
>
> **連結財務諸表固有の一時差異は，資産・負債の連結貸借対照表価額と個別貸借対照表価額の差異である。**

### 図10-2　連結固有の将来減算一時差異の税効果

| | 資産・負債面 | | 損益面 |
|---|---|---|---|
| 将来減算一時差異発生年度 | 資産（負債）の<br>連結貸借対照表価額＜個別貸借対照表価額<br>（＞）<br>将来減算一時差異発生<br>繰延税金資産の計上 | ← | 連結利益＜個別利益<br>↓<br>連結税金費用＜個別税金費用<br>↓<br>税金の先払い |
| 将来減算一時差異解消年度 | 資産（負債）の<br>連結貸借対照表価額＝個別貸借対照表価額<br>将来減算一時差異解消<br>繰延税金資産の取崩し | ← | 連結利益＞個別利益<br>↓<br>連結税金費用＞個別税金費用<br>↓<br>先払税金による穴埋め |

連結財務諸表固有の将来加算一時差異は，連結貸借対照表上の資産（負債）額が個別貸借対照表上の資産（負債）額を上（下）回る差異であり，将来，連結貸借対照表上の資産・負債が回収・決済されるなどして解消されるものである。このような将来加算一時差異が解消する年度では，その解消額だけ連結上の会計利益が個別上の会計利益を下回ることになる。したがって，将来加算一時差異解消時の納税額は，連結上の会計利益に課税されるよりも多くなる。このように，将来加算一時差異発生時には税金の後払いが生じることになるので，将来加算一時差異発生時に繰延税金負債を計上する。これによって，連結

貸借対照表上で将来の納税額の増加を示すことができる。

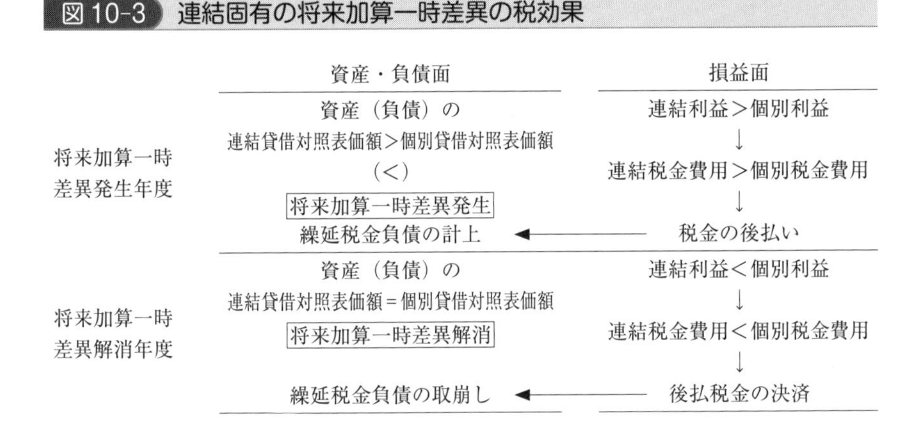

図10-3　連結固有の将来加算一時差異の税効果

## 2　子会社の資産・負債の時価評価

資本連結手続で子会社の資産・負債を時価評価すると，子会社の資産・負債の連結貸借対照表価額は支配獲得日の時価になる。個別財務諸表上の一時差異がなければ，税務価額は個別貸借対照表価額と一致するので，時価評価された資産・負債の連結貸借対照表価額と個別貸借対照表価額したがって税務価額との間に差異が生じる。個別財務諸表上の一時差異があっても，税務価額と個別貸借対照表価額との差異の税効果は，すでに個別財務諸表上で認識されているので，あと連結貸借対照表価額と個別貸借対照表価額との間の評価差額の税効果を連結財務諸表上で認識する必要がある。

この評価差額は，連結会計上，支配獲得日に認識されて純資産を構成するものの，最終的には親会社の持つ子会社株式および非支配株主持分と相殺されて消えてしまう。しかし，子会社の資産・負債の連結貸借対照表価額は，時価のままである。一方，税務上は，その資産・負債が将来，売却・処分・回収または決済されるときに，子会社の課税所得計算で益金または損金に算入される。したがって，評価差額は，対象となった資産・負債が売却・回収されたり決済されるときに解消するので，一時差異になる。この連結会計上の一時差異は，時価評価に伴う税金の増加または減少を，支配獲得日から資産・負債の売却等・決済が行われる将来まで繰り延べる効果をもつ。

### (1)　子会社資産の評価減

資本連結手続において，子会社の資産を時価評価して評価減が行われても，子会社のその年度の課税所得が減少することはない。課税所得が減少して納税額も減少するのは，子会社が将来その資産を実際に売却等する年度になる。したがって，子会社資産の評価減は，連結会計上は税金の先払いを生じさせる。

子会社資産を評価減すると，資産負債面では，資産の連結貸借対照表価額<個別貸借対照表価額となって，将来減算一時差異が生じる。評価減した資産を売却する年度では，連結会計上はすでに評価減を先取りして貸借対照表価額が低くなっているため，連結損益計算書上の売却益（売却損）が子会社の個別損益計算書上の売却益（売却損）よりも多く（少なく）なる。このため，売却年度では，連結損益計算書上の税金等調整前当期純利益に対する法人税，住民税及び事業税の比率が，子会社の個別損益計算書上の税引前当期純利益に対する法人税，住民税及び事業税の比率よりも低くなる（税金等調整前当期純利益>税引前当期純利益となるため。）。いいかえれば，支配獲得時の資産の評価減は，売却時の税金等調整前当期純利益に課税する（税率をかける）よりも納税額を少なくする効果をもつ。この将来の納税額の相対的な減少効果を示すために，繰延税金資産を計上する。

ただし，ここで生じる借方評価差額（評価差損）は，連結損益計算書に評価損として計上されることはなく，子会社の純資産を直接減少させるので，連結損益計算書上の税金等調整前当期純利益には反映されない。にもかかわらず，繰延税金費用を法人税等調整額として税金等調整前当期純利益に加えると，当期純利益を繰延税金費用相当額だけ過大に計上してしまう。そこで，先払いされる税金費用を，連結損益計算書を通さずに，評価差額から直接減額する。

評価減された資産が売却等された年度では，評価減された資産が単体会計上も税務上も連結会計上もなくなって，将来減算一時差異は解消するので，繰延税金資産を取り崩す。税務上は，評価差額が売却損として損金算入されるため，売却年度の納税額が減少する。これで，資産の評価減時に先払いした税金によって，売却年度に発生する税金費用の支払いが減らされたことになる。

**ポイント**

子会社資産を評価減すると，将来減算一時差異が生じるので，繰延税金資産を計上する。ただし，法人税等調整額は計上されず，借方評価差額（評価差損）から繰延税金費用（繰延税金資産相当額）を直接控除し，その残額を子会社の個別貸借対照表の純資産の部に記載する。

図10-4 子会社資産評価減の税効果

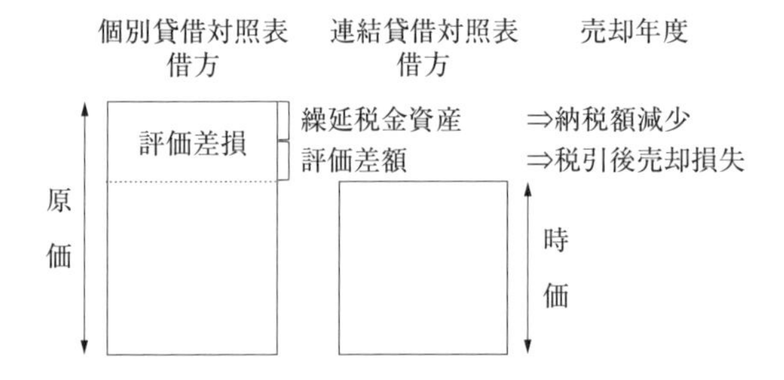


借方評価差額（評価差損）に税率をかけた金額を繰延税金資産として計上し，評価差額から繰延税金費用を控除した残額を税効果会計適用後の評価差額計上額とすると，繰延資産計上額だけ，のれん計上額が小さくなる。これは，税効果会計を適用して繰延税金資産を計上すると，それだけ借方評価差額が小さくなって子会社の純資産が増加するので（評価差額は純資産に含まれることに注意！），子会社株式の取得原価から子会社純資産に対する親会社持分相当額を控除した差額であるのれんが，少なくなるのである。

［設例 10-1］ 子会社資産の評価減

当年度期首にＳ社の支配を獲得した。その時のＳ社所有の帳簿価額 300 の土地の時価は200であった。税率を0.3とすると，借方評価差額100（＝300－200）に0.3をかけた30が繰延税金資産になるので，借方評価差額計上額は70（＝100－30）となる。

［連結修正］（借）繰延税金資産　30　（貸）土　地　100
　　　　　　　　　評価差額　70

当年度中にこの土地を350で売却すると，単体上（＝税務上）の売却益は50（＝350－300）となるのに対し，連結上の売却益は150（＝350－200）となる。

［単体会計］（借）現　金　350　（貸）土　地　300
　　　　　　　　　　　　　　　　　　　土地売却益　50
［連結会計］（借）現　金　350　（貸）土　地　200
　　　　　　　　　　　　　　　　　　　土地売却益　150

よって，個別貸借対照表から連結貸借対照表を作成するにあたって，土地売却益を100増加させる連結修正が必要になる。

［連結修正］（借）土　地　100　（貸）土地売却益　100

連結修正仕訳を上の単体会計の仕訳に付け加えると，結果的に連結会計の仕訳が行われたことになる。

ところで，この土地売却益に対する納税額は，単体ベースで決まるので，15（＝50×0.3）になる。ところが，連結損益計算書に記載される土地売却益は150なので，これに対応する税金費用は45（＝150×0.3）となり，実際の納税額よりも30多くなる。土地の時価評価時に計上した繰延税金資産30は，この売却時における納税額の減少をあらかじめ示していたのである。売却によって実際に納税額が減少したときに，繰延税金資産を取り崩す。

［連結修正］（借）法人税等調整額　30　（貸）繰延税金資産　30

単体会計で計上され連結上合算されている法人税，住民税及び事業税15に連結上の法人税等調整額30をあわせることによって，連結会計上の税金費用45が，連結損益計算書で示されることになる。

### (2)　子会社資産の評価増

子会社の資産を時価評価して評価増が行われても，その年度の課税所得が増加することはない。課税所得が増加して納税額も増加するのは，子会社がその資産を実際に売却する将来の年度になる。したがって，子会社資産の評価増に伴う税金は，連結会計上は後払いされることになる。

子会社資産を評価増すると，資産負債面では，資産の連結貸借対照表価額>個別貸借対照表価額となり，将来加算一時差異が生じる。将来，評価増した資産を売却して将来加算一時差異が解消する年度には，連結会計上はすでに評価増が先取りされて連結貸借対照表価額が高くなっているため，連結損益計算書上の売却益が子会社の個別損益計算書上の売却益より少なくなる。このため，売却年度では，連結損益計算書上の税金等調整前当期純利益に対する法人税，住民税及び事業税の比率が，子会社の個別損益計算書上の税引前当期純利益に対する法人税，住民税及び事業税の比率よりも高くなる（税金等調整前当期純利益<税引前当期純利益となるため)。いいかえれば，支配獲得時の資産の評価増に対する税金を売却年度に支払うという後払いが生じているのである。そこで，繰延税金負債を計上する。

ただし，ここで生じる貸方評価差額（評価差益）は，連結損益計算書に評価益として計上されることはなく，子会社の純資産を直接増加させるので，連結損益計算書上の税金等調整前当期純利益には含まれない。したがって，繰延税金費用を法人税等調整額として税金等調整前当期純利益から差し引くと，当期純利益を繰延税金費用だけ過少計上することになる。そこで，後払いされる税金費用も，連結損益計算書を通さずに，評価差額から直接減額する。

評価増された資産が売却等された年度では，時価評価された資産が単体会計上も税務上も連結会計上もなくなって，将来加算一時差異は解消するので，繰延税金負債を取り崩す。税務上は評価差額が売却益として益金に算入されるため，売却年度の納税額が増加する。これは，資産の時価評価時に生じた後払税金の決済としての性格をもつ。

貸方評価差額に税率をかけた金額を繰延税金負債として計上し，評価差額から繰延税金費用（繰延税金負債相当額）を控除した残額を税効果会計適用後の評価差額計上額とすると，繰延税金負債相当額だけのれん計上額が大きくなる。これは，繰延税金負債を計上すると，それだけ貸方評価差額が小さくなって子会社の純資産が減少するので，子会社株式の取得原価から子会社純資産に対する親会社持分相当額を控除した差額であるのれんが大きくなるからである。

**ポイント**

子会社資産を評価増すると，将来加算一時差異が生じるので，繰延税金負債を計上する。ただし，法人税等調整額は計上されず，貸方評価差額（評価差益）から繰延税金費用（繰延税金負債相当額）を直接控除し，その残額を子会社の個別貸借対照表の純資産の部に記載する。

[設例 10-2] 子会社資産の評価増

当年度期首にS社の支配を獲得した。その時のS社所有の帳簿価額 300 の土地の時価は 400 であった。税率を 0.3 とすると，貸方評価差額 100（＝400－300）に 0.3 をかけた 30 が繰延税金負債になるので，貸方評価差額計上額は 70（＝100－30）となる。

| | | | | | |
|---|---|---|---|---|---|
| [連結修正] | （借）土　地 | 100 | （貸） | 繰延税金負債 | 30 |
| | | | | 評 価 差 額 | 70 |

当年度中にこの土地を 450 で売却すると，単体上の売却益は 150（＝450－300）で，連結上の売却益は 50（＝450－400）となる。

| | | | | | |
|---|---|---|---|---|---|
| [単体会計] | （借）現　金 | 450 | （貸） | 土　地 | 300 |
| | | | | 土地売却益 | 150 |

図 10-5 子会社資産評価増の税効果

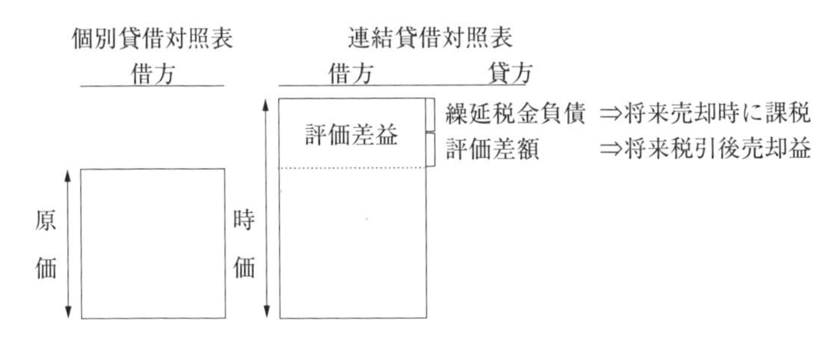

［連結会計］（借）現　　　金　　450　（貸）土　　　地　　400
　　　　　　　　　　　　　　　　　　　　　土地売却益　　50

よって，個別貸借対照表から連結貸借対照表を作成するにあたって，土地売却益を100減少させる連結修正が必要になる。

［連結修正］（借）土地売却益　　100　（貸）土　　　地　　100

連結修正仕訳を前ページの単体会計の仕訳に付け加えると，結果的に連結会計の仕訳が行われたことになる。

土地売却益に対する納税額は，単体ベースで決まるので，45（＝150×0.3）になる。ところが，連結損益計算書に記載される土地売却益は50なので，これに対応する税金費用は15（＝50×0.3）となる。しかし，実際の納税額はこれを30上回る。土地の評価増時に計上した繰延税金負債30は，この売却時における納税額の増加をあらかじめ示していたのである。土地を売却すると，後払税金が実際に支払われるので，繰延税金負債を取り崩す。

［連結修正］（借）繰延税金負債　　30　（貸）法人税等調整額　　30

単体会計で計上され連結上合算されている法人税，住民税及び事業税45から連結会計上の貸方法人税等調整額30を差し引くことによって，連結損益計算書では税金費用15が示されることになる。

### (3)　税　　率

子会社の資産・負債の時価評価差額に対する繰延税金資産・繰延税金負債の計算には，子会社の税率を使う。評価差額が将来，売却損益等として実現したときに課税されるのは，子会社だからである。評価差額が発生してから解消されるまでの間に税率が変更された場合は，繰延税金資産・繰延税金負債の残高を修正する。この修正額は，税率変更年度の連結損益計算書に，法人税等調整額として計上する（連結税効果指針25）。

## 3 のれん

親会社の持っている子会社株式の取得原価が，連結貸借対照表に記載される子会社の資産・負債すなわち純資産に対する親会社の持分相当額を上回るときの超過額を**のれん**という。のれんは，個別貸借対照表上も税務上も資産にならないので，一時差異になる。そして将来，連結会計上のれんを償却しても，その償却費は税務上は損金にならないので，将来，費用等・非損金をもたらす将来加算一時差異としての性質をのれんはもつといえる。

しかし，のれんに対しては，繰延税金負債を計上しない（連結税効果指針27）。それは，もしのれんに対して繰延税金負債を計上すると，それだけ連結貸借対照表上の純資産が減少するので，子会社株式の取得原価との差額であるのれんが増加し，これに対して繰延税金負債を追加計上すると，さらにのれんが増加して・・・という際限のない循環が生じて歯止めがきかなくなるからである。

**図10-6　のれんと繰延税金負債の関係**

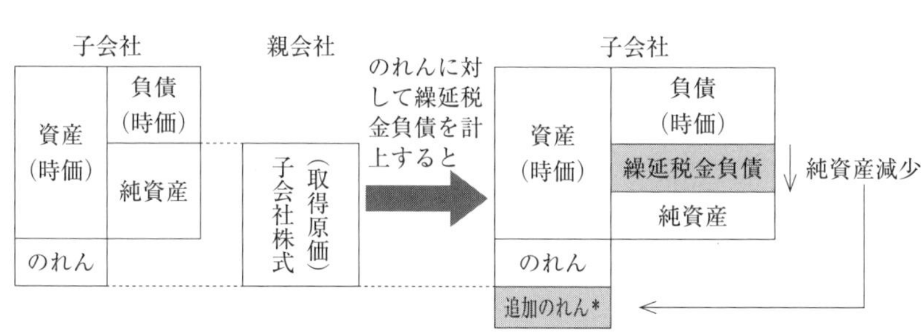


＊繰延税金負債相当額だけ純資産が減少し，のれんが追加される。

［設例10-3］のれんと税効果会計

純資産1,000の会社の株式の100％を1,100で取得して子会社にした。親会社の持つ子会社株式の個別貸借対照表価額は1,100であるのに対して，連結貸借対照表上の子会社の純資産は1,000なので，差額100はのれんになり，その連結貸借対照表価額100＞子会社の個別貸借対照表価額0という将来加算一時差異100が生じる。税率を0.3として，もしここで繰延税金負債30（＝100×0.3）を計上すると，子会社純資産が1,000から970に減る。そうすると，のれん，そして将来加算一時差異は130（＝1,100－970）となって30増加する。この増加したのれん，すなわち将来加算一時差異30に対して繰延税金負債9（＝30×0.3）を追加計上すると，子会社の純資産が961（＝970－9）に減って，のれんが139（＝1,100－961）と，さらに9増加する。この増加したのれんに，さらに繰延税金負債を追加計上すると，さらにのれんが増加するので，また繰延税金負債を追加計上しなければならなくなる。このような無限ループが生じないようにするために，のれんに対しては繰延税金負債を計上しないこととしている。

**ポイント**

**のれんに対しては繰延税金負債を認識しない。**

## 4　子会社への投資*)

### (1)　子会社株式と投資の連結貸借対照表上の価額との差異

親会社が子会社株式を取得して支配を獲得したときには，子会社株式の支配獲得日の時価と投資の連結貸借対照表上の価額とは一致するので，一時差異は生じない**)。しかし，支配獲得後に，子会社が損益を計上したり，為替換算調整勘定を計上したり，のれんを償却したりすると，投資の連結貸借対照表上の価額は変動する。なぜならば，投資の連結貸借対照表上の価額は，子会社純資産

*) 本節は，入門段階では難しいので，最初は読み飛ばしてもかまわない。

**) 子会社株式を数回に分けて段階的に取得することによって支配を獲得したときには，子会社株式の取得原価と支配獲得日の時価との間に差異が生じる。この差異も，連結財務諸表固有の一時差異になる（連結税効果指針29-2）。ただし，親会社にその子会社株式売却の意思がない場合には，この税効果が実現することはないので，繰延税金資産または繰延税金負債を計上する必要はない。

の親会社持分相当額と為替換算調整勘定とのれんの未償却残高の合計であるが（☞本章1（1）），子会社の純資産は，子会社が損益や為替換算調整勘定を計上すると増減し，またのれんの未償却残高ものれんの償却によって減少するからである。こうして生じる子会社株式の個別貸借対照表価額と投資の連結貸借対照表上の価額との間に生じる差異は，連結財務諸表固有の一時差異の1つであり，**子会社への投資に係る一時差異**とよぶ。

図10-7　子会社への投資に係る一時差異

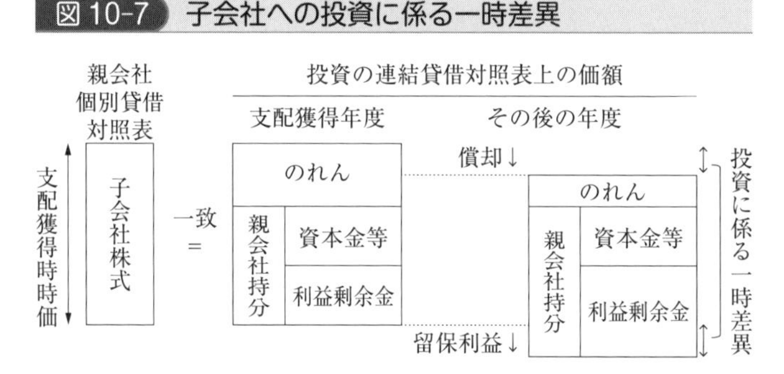


子会社への投資に係る一時差異は，次の場合に解消する（連結税効果指針30）。

①　子会社が親会社へ配当金を支払ったとき

子会社純資産に含まれる留保利益の親会社持分相当額が減少するから。

②　親会社が子会社株式を外部に売却したとき

子会社株式の個別貸借対照表価額と投資の連結貸借対照表上の価額の両方が0になるから。

③　親会社が個別財務諸表上で子会社株式の評価減を行い，税務上，損金に算入したとき

投資の連結貸借対照表上の価額が，子会社株式の個別貸借対照表価額（＝税務価額）に一致するから。

子会社への投資に係る一時差異が解消する年度に，親会社の納税額が増減することがある。たとえば，投資の連結貸借対照表上の価額が子会社株式の個別貸借対照表価額を上（下）回るときに，その子会社株式を売却すると，通常は子会社株式が投資の連結貸借対照表上の価額に近い金額で売れて，売却益

（損）が生じるので，親会社の課税所得は増加（減少）し，納税額が増える（減る）。

### (2) 投資に係る将来減算一時差異

子会社株式の個別貸借対照表価額を投資の連結貸借対照表上の価額が下回る場合には，親会社が将来その子会社株式を売却すると売却損が生じて親会社の課税所得を減少させるので，将来減算一時差異が生じる可能性がある。この投資に係る将来減算一時差異は，支配獲得後に子会社が計上した損失の親会社持分，為替換算調整勘定の減少およびのれんの償却額からなる。

この将来減算一時差異に対しては，予測可能な将来に税務上の損金算入が認められる評価減の要件を満たすか，または予測される将来に第三者への子会社株式の売却によって解消される可能性が高く，かつ繰延税金資産の計上につき回収可能性が高い場合を除いて，原則として繰延税金資産を計上しない。本当に将来の納税額を減少させるか疑わしいからである。

### (3) 投資に係る将来加算一時差異

子会社株式の個別貸借対照表価額を投資の連結貸借対照表上の価額が上回る場合には，親会社が将来その子会社株式を売却すると売却益が生じて親会社の課税所得を増加させるので，将来加算一時差異が生じる可能性が高い。このような状況は，支配獲得後に子会社の留保利益が増加する場合などに生じる。

支配獲得後に子会社に生じた留保利益は，子会社の利益剰余金したがって純資産を増加させ，さらに子会社の純資産に対する親会社持分を増加させるので，投資の連結貸借対照表上の価額を増加させる。これに対して，親会社の持つ子会社株式の個別貸借対照表価額が増加することはない。したがって，子会社株式の個別貸借対照表価額と投資の連結貸借対照表上の価額との間に一時差異が生じることになる。この一時差異が解消して，親会社が課税されるのは，将来，留保利益から配当金を受け取ったときか，子会社株式を将来売却して子会社の留保利益相当額が売却益として実現したときである。よって，この一時差異は将来加算一時差異になる。

ところが，親会社が子会社から配当金を受け取っても，それが税務上は益金不算入になったり（☞第3章3（2）），そもそも親会社に子会社株式を売却する意思がない場合には，この将来加算一時差異には，将来の納税額を増加させる効果はない。裏返していえば，親会社が子会社から配当金を受け取ったときに税務上益金算入される部分がある場合には，将来その配当金を受け取ったときに，また親会社が子会社株式を売却する意思がある場合には，将来売却したときに，それぞれ子会社の留保利益相当額が親会社の課税所得に含まれて納税額を増加させる。そこで，子会社が親会社に配当金を支払う意思があって親会社側で益金算入される部分がある場合と，親会社に子会社株式を売却する意思のある場合には，将来の課税所得に含まれると見込まれる将来加算一時差異に対して繰延税金負債を計上する。

連結貸借対照表上の為替換算調整勘定相当額も，親会社の持つ子会社株式の個別貸借対照表価額には反映されないため，一時差異が生じる。この一時差異が将来の納税額に及ぼす効果は，親会社が子会社株式を売却することによって実現するため，親会社の子会社株式の売却が明確な場合に限って，繰延税金資産・繰延税金負債を計上する。

## 5　未実現損益の消去

### (1)　未実現利益の消去

連結会社間の取引で生じた未実現利益は，連結会計上は消去されるが，個別財務諸表上したがって税務上は，売却会社の利益に含まれて課税され，税金は支払済みである[*]。また，購入会社の保有する資産の未実現利益消去後の連結貸借対照表価額は，個別貸借対照表価額を下回ることになる。したがって，未実現利益を消去された資産の連結貸借対照表価額＜個別貸借対照表価額という一

＊）100％支配関係のある会社間の資産の移転に係る損益のうち一定の要件を満たすものについては，法人税法上，課税が繰り延べられる。この課税の繰り延べられる損益については，連結財務諸表上消去されても，繰延税金資産・繰延税金負債を認識しない（連結税効果指針12-2）。

時差異が生じる。

その後，未実現利益を含む資産が購入会社から連結集団外へ売却され，この未実現利益が連結会計上も実現して連結損益計算書に計上されても，売却会社ではすでに課税は終わっているので，税金を再度支払う必要はない。売却会社で支払済みの税金は，連結会計上は購入会社から企業集団外部へ売却されて実現した年度に負担すべき連結会計上の税金費用の先払いとしての性格をもつ。したがって，未実現利益を消去した年度では，その消去額は将来減算一時差異となり，繰延税金資産を計上する。子会社に非支配株主がいる場合に子会社の利益を消去したときには，未実現利益の消去に対応する法人税等調整額も，親会社持分と非支配株主持分に配分される。

未実現利益を含む資産が外部に売却された年度には，将来減算一時差異は解消するので繰延税金資産を取り崩す。なお，売却会社で支払済みの税金は，確定した金額なので，売却会社にとっての売却年度の税率を繰延税金資産の計算に使う。その後，税率の変更があっても，その影響は受けないので，繰延税金資産計上額を修正する必要はない。

**ポイント**

**未実現利益の消去額は将来減算一時差異になるので，繰延税金資産を計上する。**

［設例 10-4］棚卸資産の未実現利益の消去の税効果（ダウン・ストリーム）

×1 年度に親会社が仕入原価 800 の商品を子会社に 1,000 で販売し，子会社は×2 年度にその商品を外部に 1,100 で販売した。親会社の税率を 0.4，子会社の税率は 0.3 とする。

各年度の各会社のこの取引に係る個別会計利益（課税所得）と法人税等は次のようになる。

×1 年度

親会社　会計利益（＝課税所得）200（＝1,000－800）　法人税等 80（＝200×0.4）

×2 年度

子会社　会計利益（＝課税所得）100（＝1,100－1,000）　法人税等30（＝100×0.3）

連結会計上は，×1年度の親会社の利益200は未実現利益として消去される。商品が企業集団外部に販売された×2年度に利益が300（＝1,100－800＝200＋100）計上される。したがって，×1年度に親会社の納税した80は連結会計上は税金の先払いとして繰延税金資産に計上される。この先払税金は，×2年度に費用計上される。このため，×2年度には，連結会計上の×1年度末の繰延税金資産を復元するための開始仕訳が必要になる。

未実現利益は次のように消去される。

×1年度

| | | | | | | |
|---|---|---|---|---|---|---|
| ［連結修正］ | （借） | 売　　上 | 1,000 | （貸） | 売上原価 | 1,000 |
| | | 売上原価 | 200 | | 商　　品 | 200 |
| | （借） | 繰延税金資産 | 80 | （貸） | 法人税等調整額 | 80 |

×2年度

| | | | | | | |
|---|---|---|---|---|---|---|
| ［連結修正］ | （借） | 利益剰余金期首残高 | 200 | （貸） | 商　　品 | 200 |
| | | 商　　品 | 200 | | 売上原価 | 200 |
| | （借） | 繰延税金資産 | 80 | （貸） | 利益剰余金期首残高 | 80 |
| | | 法人税等調整額 | 80 | | 繰延税金資産 | 80 |

**［設例10-5］** 償却資産の未実現利益の消去の税効果（ダウン・ストリーム）

×1年度期首に親会社から帳簿価額200の機械を300で子会社が取得した。子会社は，この機械を，残存耐用年数2年，残存価額0，定額法で償却する。税率を0.3とすると，×1年度の連結修正仕訳は，次のようになる。

未実現利益は100（＝300－200）なので，親会社の固定資産売却益と子会社の機械とを100だけ相殺消去する。

| | | | | | | |
|---|---|---|---|---|---|---|
| ［連結修正］ | （借） | 固定資産売却益 | 100 | （貸） | 機　　械 | 100 |

未実現利益の相殺消去によって，機械の連結貸借対照表価額200＜子会社個別貸借対照表価額300という将来減算一時差異が100生じる。この差異のために，親会社では固定資産売却益が課税所得に含められて税金を支払うのに対して，連結会計では，この固定資産売却益が税引前当期純利益に含まれないため，親会社の支払った税金は，連結会計上は先払税金となる。そこで連結会計

上は，繰延税金資産 30（＝100×0.3）を計上する。

| ［連結修正］ | （借）繰延税金資産 | 30 | （貸）法人税等調整額 | 30 |
|---|---|---|---|---|

次に，子会社の減価償却費は 150（＝300÷2 年）となって課税所得計算上も損金算入されるのに対して，連結会計上の減価償却費は 100（＝200÷2 年）なので，連結会計上，減価償却費を 50（＝150－100）減額する。

| ［連結修正］ | （借）機　　械 | 50 | （貸）減価償却費 | 50 |
|---|---|---|---|---|

これによって，将来減算一時差異が 50 減少するとともに，子会社の課税所得が連結利益に比べて 50 少なくなる。これは固定資産売却益の消去に伴う先払税金のうち 15（＝50×0.3）が費用化されたことを意味する。

| ［連結修正］ | （借）法人税等調整額 | 15 | （貸）繰延税金資産 | 15 |
|---|---|---|---|---|

この処理によって，繰延税金資産の×1 年度末残高は 15 になる。

×2 年度には，まず機械や繰延税金資産の連結会計上の期首残高を復元するために，次の開始仕訳を行う。

| ［連結修正］ | （借）利益剰余金期首残高 | 50 | （貸）機　　械 | 50 |
|---|---|---|---|---|
| | 繰延税金資産 | 15 | （貸）利益剰余金期首残高 | 15 |

×2 年度も子会社の減価償却費が連結会計上の減価償却費を 50 上回ることによって将来減算一時差異が解消するので，×1 年度末の繰延税金資産を取り崩す。この処理によって，繰延税金資産の×2 年度末残高は 0 になる。

| ［連結修正］ | （借）機　　械 | 50 | （貸）減価償却費 | 50 |
|---|---|---|---|---|
| | 法人税等調整額 | 15 | （貸）繰延税金資産 | 15 |

**［設例 10-6］** 棚卸資産の未実現利益の消去の税効果（アップ・ストリーム）

×1 年度に子会社が仕入原価 800 の商品を親会社に 1,000 で販売し，親会社は×2 年度にその商品を 1.100 で外部に販売した。親会社の子会社に対する持株比率は 80%，親会社の税率を 0.4，子会社の税率は 0.3 とする。

各年度の各会社の個別会計利益と法人税等は次のようになる。

×1 年度

子会社　会計利益（＝課税所得）200（＝1,000－800）　法人税等 60（＝200×0.3）

×2 年度

親会社　会計利益（＝課税所得）100（＝1,100－1,000）法人税等40（＝100×0.4）

連結会計上は，×1年度の子会社の利益200は未実現利益として消去され，商品が企業集団外部に販売された×2年度のみ利益が300（＝1,100－800＝200＋100）計上される。したがって，×1年度に子会社の納税した60は連結会計上は税金の先払いとして繰延税金資産に計上され，×2年度に費用計上される。

未実現利益は次のように消去される。

×1年度

| | | | | | | |
|---|---|---|---|---|---|---|
| ［連結修正］ | （借） | 売　　上 | 1,000 | （貸） | 売上原価 | 1,000 |
| | | 売上原価 | 200 | | 商　　品 | 200 |
| | | 非支配株主持分 | 40 | | 非支配株主帰属損益 | 40 |
| | 非支配株主帰属損益　200×（1－0.8）＝40 | | | | | |
| | （借） | 繰延税金資産 | 60 | （貸） | 法人税等調整額 | 60 |
| | | 非支配株主帰属損益 | 12 | | 非支配株主持分 | 12 |
| | 非支配株主帰属損益　60×（1－0.8）＝12 | | | | | |

×2年度

| | | | | | | |
|---|---|---|---|---|---|---|
| ［連結修正］ | （借） | 利益剰余金期首残高 | 160 | （貸） | 商　　品 | 200 |
| | | 非支配株主持分 | 40 | | | |
| | （借） | 商　　品 | 200 | （貸） | 売上原価 | 200 |
| | | 非支配株主帰属損益 | 40 | | 非支配株主持分 | 40 |
| | （借） | 繰延税金資産 | 60 | （貸） | 利益剰余金期首残高 | 48 |
| | | | | | 非支配株主持分 | 12 |
| | | 法人税等調整額 | 60 | | 繰延税金資産 | 60 |
| | | 非支配株主持分 | 12 | | 非支配株主帰属損益 | 12 |

### (2)　未実現損失の消去

連結会社間の取引で生じた未実現損失も，連結会計上は消去される結果，購入会社の保有する資産の未実現損失消去後の連結貸借対照表価額は，個別貸借対照表価額を上回ることになる。その後，未実現損失を含む資産が購入会社から連結集団外へ売却され，この未実現損失が連結会計上も実現して連結損益計算書に計上されても，すでに課税は終わっているので，その年度の税金は減少しない。この売却会社での納税額の減少分は，連結会計上は，購入会社から外部へ売却されて実現した年度に後払いされることになる。したがって，未実現損失を消去した年度では，その消去額は，消去された資産の連結貸借対照表価額＞個別貸借対照表価額という将来加算一時差異となり，繰延税金負債を計上する。未実現損失の消去に係る法人税等調整額も，未実現損失の消去に対応して親会社持分と非支配持分に配分する。未実現損失を含む資産が外部に売却された年度には，将来加算一時差異は解消するので，繰延税金負債を取り崩す。

## 6　債権債務の相殺消去に伴う貸倒引当金の減額

連結会社間の債権と債務が相殺消去されると，消去された債権に対する貸倒引当金も，連結会計上，減額修正される。ところで，貸倒引当金は，中小企業と金融機関等を除いて，税務上は認められていないので，その繰入額は損金不算入とされる。そのため，貸倒引当金を計上した会社の課税所得計算においては申告加算されて，その個別財務諸表上は，資産のマイナスである貸倒引当金の貸借対照表価額＞税務価額という将来減算一時差異が生じ，繰延税金資産が計上されているはずである。

次に，連結手続において貸倒引当金の減額修正が行われると，この減額部分は税務上の申告加算額と一致するので，貸倒引当金の連結貸借対照表価額と税務価額はともに0になって一致し，個別財務諸表上の将来減算一時差異は消滅する。したがって，個別貸借対照表上に計上された繰延税金資産を，連結会計上は取り崩す。

中小企業等で貸倒引当金が税務上も一定の限度内で認められる場合には，その限度内では，一時差異は生じない。このとき，その限度内の貸倒引当金が減額修正されると，資産のマイナスである貸倒引当金の連結貸借対照表価額＜個別貸借対照表価額（＝税務価額）となるので，将来加算一時差異が生じて繰延税金負債を計上することになる。このとき適用される税率は，貸倒引当金の対象となった債権を有する会社側に適用されるものである。

# 7 持分法

## (1) 持分法適用上の一時差異

持分法を適用する結果，持分法適用会社（非連結子会社と関連会社）の資産・負債の持分法適用上の価額と個別貸借対照表価額との間に一時差異が生じる場合には，重要性の乏しい場合を除いて，連結子会社と同様に税効果会計を適用する（持分法会計基準8，持分法指針22）。

**ポイント**

**持分法適用時にも，連結と同様の税効果会計を適用する。**

持分法適用時の税効果会計手続で注意しなければならないのは，持分法適用上生じた一時差異が，持分法適用会社に帰属するのか，それとも投資会社（親会社など）に帰属するのかを，区別しなければならないことである。というのも，持分法適用上の一時差異がどちらの会社で生じたかによって，それに係る繰延税金資産・繰延税金負債の連結貸借対照表上の取扱いが異なるからである。

持分法の適用による資産・負債の増減は，持分法適用会社と投資会社のどちらでも生じうる。このうち，持分法適用会社で生じる一時差異は，資産・負債の時価評価のような持分法適用の前処理として生じる資産・負債の持分法上の価額と個別貸借対照表価額の差異になる。したがって，このような一時差異に対する繰延税金資産・繰延税金負債は，あくまで持分法適用会社の単体会計上のものになるので，その持分法適用会社株式の持分法上の価額，いいかえれば連結貸借対照表上の投資会社の投資価額を構成することになる。繰延税金資産・繰延税金負債そのものが，連結貸借対照表に記載されることはない。

これに対して，投資会社に生じた一時差異に対する繰延税金資産・繰延税金負債は，連結貸借対照表に記載される。また，持分法適用上の一時差異がどの会社に帰属するかによって，繰延税金資産の回収可能性の判断をどの会社で行うかも決まってくる。

**ポイント**

**持分法適用上の一時差異に係る繰延税金資産・繰延税金負債の処理**

✧ 持分法適用会社に帰属 ⇒ 持分法適用会社株式の持分法評価額に含める。

✧ 投資会社に帰属 ⇒ 連結貸借対照表に記載。

**持分法の適用上の一時差異**には，次のものがある。

▶持分法適用関連会社の資産・負債の時価評価差額

▶未実現損益の消去差額

▶株式取得後に持分法適用関連会社に生じた留保利益額

▶のれん相当額の償却額

### (2) 資産・負債の評価差額

持分法適用会社株式の取得日における持分法適用会社の資産・負債の時価評価差額は，その持分法適用会社に帰属する（持分法指針 24)。この一時差異については，持分法適用会社において，持分法適用の前処理として，評価差額および繰延税金資産または繰延税金負債を計上する。その後で，持分法を適用して，持分法適用会社株式の持分法評価額に評価差額を反映させる。だから，繰延税金資産または繰延税金負債が，連結貸借対照表に計上されることはない。

[設例 10-7] 関連会社の資産の評価差額

当社は当期首にA社の発行済株式の40％を3,100で取得してA社を関連会社とした。当期首におけるA社の資産の貸借対照表価額は14,000，時価は15,000であり，負債の貸借対照表価額と時価は7,000で一致していた。

税率を0.3とすると，A社資産の評価差額は1,000（＝15,000－14,000）なので，それに対する繰延税金負債は300（＝1,000×0.3）となり，税効果を考慮した時価評価後のA社純資産は，7,700（＝14,000＋1,000－7,000－300）となる。よって，A社の純資産に対する当社の持分は3,080（＝7,700×0.4）となり，取得原価3,100との差額20がのれんに相当することになる。

### (3)　未実現損益

#### ①　持分法適用会社が売手の場合（アップ・ストリーム）

持分法適用会社が売手となって発生した未実現損益は，持分法適用会社に帰属するので，その消去に係る一時差異も，持分法適用会社に帰属する（持分法指針25）。この一時差異に係る繰延税金費用は，持分法適用会社において持分法適用の前処理として単体会計上認識し，その後で投資会社の持分額の計算に反映させる。この一時差異に係る繰延税金資産または繰延税金負債が，連結貸借対照表にとして記載されることはない。

［設例10-8］持分法適用会社が売手の未実現利益の消去

当社は当期首に仕入先A社の発行済株式の40%を取得してA社を関連会社とした。当社がA社から仕入れた商品の当期末棚卸高には，内部利益が100含まれている。A社における未実現利益消去額のうち当社負担額は40（＝100×0.4）で，税率を0.3とすると，未実現利益消去額に対する繰延税金費用は12（＝40×0.3）となる。ただし，連結貸借対照表には繰延税金資産が計上されることはなく，繰延税金費用はその前の段階でA社の純資産を増加させる形で，当社のA社に対する持分額に反映されるので，持分法適用上は，A社株式の持分法上の価額を増加させる。したがって，持分法適用による未実現利益消去の会計処理は，次のようになる。

| | | | | | |
|---|---|---|---|---|---|
| ［持分法］ | （借）持分法投資損益 | 40 | （貸）棚 卸 資 産 | 40 |
| | A 社 株 式 | 12 | 持分法投資損益 | 12 |

翌年度の開始仕訳は次のようになる。

| | | | | |
|---|---|---|---|---|
| ［持分法］ | （借）利益剰余金期首残高 | 28 | （貸）棚 卸 資 産 | 40 |
| | A 社 株 式 | 12 | | |

翌年度に，当社がA社から仕入れた商品を販売したときの利益実現の処理は，次のようになる。

| | | | | |
|---|---|---|---|---|
| ［持分法］ | （借）棚 卸 資 産 | 40 | （貸）持分法投資損益 | 40 |
| | 持分法投資損益 | 12 | A 社 株 式 | 12 |

### ② 連結会社が売手の場合（ダウン・ストリーム）

投資会社が売手となって発生した未実現損益の消去に係る一時差異は，持分法適用会社が未実現損益を含む資産を企業集団外部に売却したときに解消する。ただし，消去された未実現損益に対する法人税等は，投資会社ですでに納税済みであり，それは投資会社の個別損益計算書にも記載済みである。したがって，この一時差異は，投資会社に帰属し（持分法指針26），繰延税金資産・繰延税金負債が，連結貸借対照表に記載されることになる。

［設例10-9］投資会社が売手の未実現利益の消去

当社は当期首に得意先A社の発行済株式の40％を取得してA社を関連会社とした。当社がA社に販売した商品の当期末棚卸高には，内部利益が100含まれている。

未実現利益の消去額は40（＝100×0.4）で，税率を0.3とすると，それに対する繰延税金資産は12（＝40×0.3）となる。当社に帰属する税効果は，連結財務諸表に示されるので，未実現利益消去の会計処理は，次のようになる。

| | | | | |
|---|---|---|---|---|
| ［持分法］（借） | 売　　上 | 40 | （貸）A 社 株 式 | 40 |
| | 繰延税金資産 | 12 | 法人税等調整額 | 12 |

翌年度の開始仕訳は次のようになる。

| | | | | |
|---|---|---|---|---|
| ［持分法］（借） | 利益剰余金期首残高 | 28 | （貸）A 社 株 式 | 40 |
| | 繰延税金資産 | 12 | | |

翌年度に未実現利益が実現したときの処理は次のようになる。

| | | | | |
|---|---|---|---|---|
| ［持分法］（借） | A 社 株 式 | 40 | （貸）売　　上 | 40 |
| | 法人税等調整額 | 12 | 繰延税金資産 | 12 |

### (4) 株式取得後に生じた留保利益

株式取得後に持分法適用会社に生じた留保利益に対する投資会社の持分額だけ，連結貸借対照表上の投資会社の投資価額が，投資会社の持つ持分法適用会社株式の個別貸借対照表価額を上回ることになる。これは投資会社における将来加算一時差異になる。将来，投資会社がこの持分法適用会社株式を売却することがあれば，売却年度に留保利益に対する持分額が売却益となって課税所得を増加させるからである。しかし，投資会社に持分法適用会社株式を売却する意思がない場合には，税効果が実現することはないので，税効果を認識することはしない（持分法指針27）。

ただし，投資会社に持分法適用会社株式を売却する意思がなくても，持分法適用会社の留保利益から配当金を受け取ったときに，投資会社側で受取配当金が課税されるならば，それによる追加負担見込税額を，投資会社で繰延税金負債を計上する（持分法指針28）。

### (5)　のれん償却

連結会計手続と同様に，持分法適用会社ののれんの当初認識時には，繰延税金負債を計上しない。しかし，その後にのれんを償却すると，その償却額だけ，持分法上の投資価額が，投資会社の持つ持分法適用会社株式の個別貸借対照表価額を下回ることになって，持分法適用株式売却時には課税所得を減少させることになるので，投資会社における将来減算一時差異になる。しかし，投資会社に持分法適用会社株式を売却する意思がない場合には，繰延税金資産を計上しない（持分法指針29）。

### (6)　関連会社の欠損金

関連会社の税務上の欠損金については，繰延税金資産の回収可能性がある場合には，関連会社の税効果として繰延税金資産を計上する。

### 《まとめ》

資産・負債の個別貸借対照表価額と税務価額との不一致に対しては，単体会計上の税効果会計手続によって税金費用を期間配分して，税引前当期純利益と税金費用との対応関係の維持を確保した。しかし，連結修正によって資産・負債の連結貸借対照表価額と個別貸借対照表価額が一致しなくなると，今度は，連結会計上の税金費用と単体上の税金費用とが一致しなくなり，連結損益計算書上の税金等調整前当期純利益と税金費用との対応関係が歪められるとどもに，連結貸借対照表も企業集団の将来納税額を示せなくなる。このように，連結修正に伴って生じる資産・負債の連結貸借対照表価額と個別貸借対照表価額の不一致という一時差異も，連結損益計算書における税金等調整前当期純利益，税金費用および当期純利益の対応関係を歪めるとともに，将来の納税額を増減させる効果をもつので，税効果会計の対象になる。

---

［復習問題 10］

空欄に当てはまる語句を答えなさい。

連結財務諸表固有の一時差異の例

1. ［①］に際し，子会社の資産および負債の［②］により［③］が生じた場合
2. 連結会社相互間の取引から生ずる［④］を消去した場合
3. 連結会社相互間の債権と債務の相殺消去により［⑤］を［⑥］した場合

【練習問題 10-1】

〔資料 1〕および〔資料 2〕に基づいて，連結貸借対照表と連結損益計算書を作成しなさい。

〔資料 1〕個別財務諸表

貸借対照表
×2 年 3 月 31 日

（万円）

| 資　　産 | P 社 | S 社 | 負債・純資産 | P 社 | S 社 |
|---|---|---|---|---|---|
| 売 掛 金 | 30,000 | 8,000 | 買　掛　金 | 20,000 | 3,600 |
| 　貸倒引当金 | −300 | −80 | その他の負債 | 4,200 | 1,590 |
| 商　　品 | 10,000 | 4,200 | 資　本　金 | 100,000 | 20,000 |
| 土　　地 | 70,000 | 14,000 | 利益剰余金 | 28,000 | 5,660 |
| S 社株式 | 25,000 | | その他有価証券評価差額金 | 420 | 140 |
| その他有価証券 | 3,000 | 700 | | | |
| 繰延税金資産 | 920 | 20 | | | |
| その他の資産 | 14,000 | 4,150 | | | |
| 合　　計 | 152,620 | 30,990 | 合　　計 | 152,620 | 30,990 |

損益計算書
×1年4月1日～×2年3月31日

（万円）

| 費　用 | P社 | S社 | 収　益 | P社 | S社 |
|---|---|---|---|---|---|
| 売上原価 | 120,000 | 30,000 | 売　上　高 | 155,000 | 40,000 |
| 営　業　費 | 15,000 | 5,000 | 受取配当金 | 1,280 | 20 |
| 貸倒引当金繰入額 | 50 | 30 | | | |
| 法人税等 | 7,300 | 2,000 | | | |
| 法人税等調整額 | －270 | －10 | | | |
| 当期純利益 | 14,200 | 3,000 | | | |
| 合　計 | 156,280 | 40,020 | 合　計 | 156,280 | 40,020 |

〔資料2〕連結手続に関する事項

1. P社は×1年3月31日にS社の発行済株式を全株取得してS社を子会社とした。P社はS社株式を全株保有する方針である。このときのS社の純資産の帳簿価額は次の通りである。なお，S社資産・負債の時価は，土地の時価が15,000万円（取得原価14,000万円）であったことを除いて，帳簿価額と一致していた。
   資本金20,000万円　利益剰余金3,660万円
   その他有価証券評価差額金140万円（繰延税金負債に計上した税効果60万円控除後の金額）
2. ×1年6月30日にP社は5,000万円，S社は1,000万円，それぞれ配当金を支払った。
3. S社は前期から商品をすべてP社に販売している。S社のP社に対する売上総利益率は，前期・当期とも20%である。P社の期首商品棚卸高のうち1,500万円，期末商品棚卸高のうち2,000万円は，S社から仕入れたものである。
4. S社は前期・当期とも売掛金残高に対して1%の貸倒引当金を差額補充法で計上している。S社の前期末売掛金残高は5,000万円である。ただし，貸倒引当金繰入額は税務上損金不算入とされる。
5. のれんは発生した年度の翌年度から5年間で償却する。
6. 税率は30%とする。

【練習問題10-2】

P社は，×1年度期首にA社の発行済株式の40%を14,000千円で取得して関連会社とした。P社にA社株式を売却する予定はない。以下の条件に基づいて，×2年度

の連結財務諸表におけるA社株式と持分法による投資利益の金額を求めなさい。

▶A社の資産・負債および純資産は，次の通りである。

×1年度期首　資産 60,000千円（時価 65,000千円）　負債 30,000千円
　　　　　　資本金 20,000千円　利益剰余金 10,000千円

×1年度期末　資産 62,000千円（時価 66,000千円）　負債 31,000千円
　　　　　　資本金 20,000千円　利益剰余金 11,000千円

×2年度期末　資産 63,000千円（時価 66,500千円）　負債 30,000千円
　　　　　　資本金 20,000千円　利益剰余金 13,000千円

▶×2年度におけるA社の当期純利益は 2,200千円である。P社はA社から配当金を 80千円受け取っているが，税務上は全額益金不算入とされる。

▶P社の期末棚卸資産には，A社から仕入れた商品が次の通り含まれている。なお，A社からP社への販売価格には販売価格の 10%の利益が含まれている。

×1年度末 1,000千円　　×2年度末 2,000千円

▶税率はP社・A社とも 30%

▶のれんは発生年度から 10年間で均等額償却する。

# 第 11 章　税効果会計の表示

学習内容

- □ 貸借対照表における当年度納付税金費用債務と繰延税金費用債務の表示
- □ 繰延税金資産・繰延税金負債の表示区分と表示方法
- □ 個別損益計算書と連結損益計算書における税金費用の表示
- □ 注記事項の内容

《キーワード》

◦未払法人税等　◦繰延税金資産　◦繰延税金負債
◦税引前当期純利益　◦税金等調整前当期純利益
◦法人税，住民税及び事業税　◦法人税等調整額
◦繰延税金資産及び繰延税金負債の発生の主な原因別の内訳
◦法定実効税率と税効果会計適用後の法人税等の負担率との差異原因

## 1　貸借対照表の表示

### (1)　個別貸借対照表の表示

期末における法人税等の租税債務は，未払いになっている当年度納付税金費用と繰延税金費用に分けて，貸借対照表上で表示する（☞第 5 章 2（1））。未払いの当年度納付税金費用は，流動負債の部に**未払法人税等**として表示する（法人税等会計基準 11）（☞第 1 章 2（3））[*)]。

*）当年度納付税金費用が中間申告によって納付された税額を下回るために還付される場合は（☞第 1 章 2（2）），未収の還付税額を，流動資産の区分に未収還付法人税等として表示する（法人税等会計基準 12）。

先払いの繰延税金費用は**繰延税金資産**，後払いの繰延税金費用は**繰延税金負債**として，それぞれ貸借対照表に表示する。繰延税金資産は，その発生原因となる将来減算一時差異のある資産・負債の分類に基づいて，流動資産または固定資産の投資その他の資産として表示する（税効果会計基準第三 1，会社計算規則 74 条 3 項，財務諸表等規則 16 条の 2・31 条の 3・48 条の 2・52 条 1 項 5 号）。たとえば，流動資産に属する売掛金の貸倒処理に伴って生じる繰延税金資産は，流動資産の部に記載される。固定資産の投資その他の資産に属するその他有価証券の期末評価替えに伴って生じる繰延税金資産は，投資その他の資産の区分に記載する。繰越欠損金のように特定の資産・負債に関連しない一時差異等に係る繰延税金資産については，翌年度に解消される見込みの一時差異等に係る繰延税金資産は流動資産，解消されるのに 2 年以上かかると見込まれる一時差異等に係る繰延税金資産は投資その他の資産に，それぞれ区分表示する。

繰延税金負債も，その発生原因となる将来加算一時差異のある資産・負債の分類に基づいて，流動負債または固定負債として表示する（税効果会計基準第三 1，会社計算規則 75 条 2 項）。たとえば，投資その他の資産に属するその他有価証券の期末評価替えに伴って生じる繰延税金負債は，固定負債の区分に記載する。

繰延税金資産と繰延税金負債の両方がある場合には，流動区分と固定区分の各区分内で相殺して純額で表示する。たとえば，流動資産に属する繰延税金資産と流動負債に属する繰延税金負債の両方がある場合には，相殺して純額を，繰延税金資産または繰延税金負債として表示する。同様に，投資その他の資産に属する繰延税金資産と固定負債に属する繰延税金負債がある場合も，相殺して表示する（税効果会計基準第三 2）。

以上は，現行の税効果会計基準に基づく貸借対照表における繰延税金資産・繰延税金負債の表示方法であるが，2018（平成 30）年 4 月 1 日以後開始年度から適用が予定されている税効果会計基準の一部改正の公開草案では，繰延税金資産は投資その他の資産の区分に表示し，繰延税金負債は固定負債の区分に表示することが，提案されている（公開草案 2）。繰延税金資産・繰延税金負債については，流動固定分類しないのである。これは，流動資産となる繰延税金資産および流動負債となる繰延税金負債の金額的重要性が乏しく，すべて非流動区分に表示しても流動性比率に対する影響は限定的であることと，国際的な会計基準との整合性を図るためである。

［設例11-1］繰延税金資産・繰延税金負債の表示

当年度末における一時差異等は次の通りである。税率は0.3とする。

▶流動資産に関連する将来減算一時差異　300
▶流動負債に関連する将来減算一時差異　100
▶固定資産に関連する将来加算一時差異　500
▶固定負債に関連する将来減算一時差異　600

流動資産となる繰延税金資産は120（＝(300＋100)×0.3）
固定資産となる繰延税金資産は180（＝600×0.3）
固定負債となる繰延税金負債は150（＝500×0.3）

よって，現行税効果会計基準によると，貸借対照表の流動資産の区分には繰延税金資産120が記載され，固定資産の投資その他の資産の区分には繰延税金資産30（＝180－150）が記載される。

### (2)　連結貸借対照表の表示

連結貸借対照表においても，未払いの当年度納付税金費用は，流動負債の区分に**未払法人税等**として表示する。

繰延税金資産・繰延税金負債については，個別貸借対照表では必要のなかった配慮が必要となる。連結貸借対照表においては，連結集団内の異なる会社の繰延税金資産と繰延税金負債を相殺してはならない（税効果会計基準第三2但書，公開草案2，連結財務諸表規則45条1項)。たとえば，親会社の繰延税金資産と，子会社の繰延税金負債を相殺して，連結貸借対照表に記載してはならない。

**ポイント**

連結貸借対照表においては，計上している会社の異なる繰延税金資産と繰延税金負債を相殺してはならない。

## 2　損益計算書の表示

### (1)　個別損益計算書の表示

税金費用は，当年度納付税金費用と繰延税金費用とに分け（☞第5章2(1)），当年度納付税金費用は**法人税，住民税及び事業税**と，繰延税金費用は**法人税等調整額**と，それぞれ表示する*)（☞第1章2 (3)）。

法人税，住民税及び事業税と法人税等調整額は，税引前当期純利益から控除する形式により，区分して表示する**)（税効果会計基準第三3，法人税等会計基準9，会社計算規則93条1項・94条1項，財務諸表等規則95条の5）。

[設例11-2]　個別損益計算書の表示

財務諸表規則による個別損益計算書の表示例

（貸方法人税等調整額のある場合）

| | |
|---|---:|
| ・・・ | ・・・ |
| ・・・ | ・・・ |
| ・・・ | ・・・ |
| 税引前当期純利益 | 1,000 |
| 法人税、住民税及び事業税 | 400 |
| 法人税等調整額 | △100 |
| 法人税等合計 | 300 |
| 当期純利益 | 700 |

### (2)　連結損益計算書の表示

税引前当期純利益は，連結損益計算書上は**税金等調整前当期純利益**という科

*) 法人税，住民税及び事業税に含まれる事業税は所得割に限られ，事業税のうち付加価値割および資本割は，原則として販売費及び一般管理費として表示するが，合理的な配分方法に基づいてその一部を売上原価として表示することもできる（法人税等会計基準10）。一方，住民税には，法人税割だけではなく，均等割も含まれる。

**) 法人税等の追徴税額と還付税額は，法人税，住民税及び事業税の次に，その内容を示す科目で表示される（法人税等会計基準15）。

目で表示する（会社計算規則92条1項）。

## 3　注記事項

財務諸表・連結財務諸表には，税効果会計に関連して，次の事項を注記しなければならない（税効果会計基準第四，会社計算規則107条，財務諸表等規則8条の12，連結財務諸表規則15条の5）。

- 繰延税金資産および繰延税金負債の発生原因別の主な内訳

繰延税金資産の計上にあたって，税負担を軽減できると認められる範囲を超えるために繰延税金資産から控除された金額（評価性引当額）もあわせて記載する（税効果会計基準注解（注8））（☞第4章4）。なお，2018（平成30）年4月1日以後開始年度から適用が予定されている税効果会計基準の一部改正の公開草案では，税務上の繰越欠損金額が重要であるときは，評価性引当額を，税務上の繰越欠損金に係る評価性引当額と，将来減算一時差異等の合計に係る評価性引当額に区分して記載すること，さらに評価性引当額に重要な変動が生じているときにはその変動の主な内容を記載することを提案している。ただし，連結財務諸表を作成しているときには，個別財務諸表において記載することを要しない（公開草案4）。

- 税引前当期純利益（税金等調整前当期純利益）に対する税金費用（法人税，住民税及び事業税と法人税等調整額の合計）の比率と法定実効税率との間に重要な差異があるときは，その差異の原因となった主要な項目別の内訳
- 税率の変更により繰延税金資産および繰延税金負債の金額が修正されたときは，その旨および修正額
- 決算日後に税率の変更があった場合には，その内容およびその影響
- 2018（平成30）年4月1日以後開始年度から適用が予定されている税効果会計基準の一部改正の公開草案は，繰延税金資産の発生原因別の主な内訳として税務上の繰越欠損金を記載している場合に，その金額が重要であるときは，次の事項の記載を追加することを提案している。ただし，連

結財務諸表を作成しているときには，個別財務諸表において記載する必要はない（公開草案5）。

➢ 繰越期限別の税務上の繰越欠損金に係る次の金額
  ✧ 税務上の繰越欠損金に税率を乗じた額
  ✧ 税務上の繰越欠損金に係る繰延税金資産から控除された額（評価性引当額）
  ✧ 税務上の繰越欠損金に係る繰延税金資産の額
➢ 税務上の繰越欠損金に係る重要な繰延税金資産を計上している場合，その繰延税金資産を回収可能と判断した主な理由

［設例11-3］ 繰延税金資産・繰延税金負債の発生の主な原因別の内訳の注記例（連結財務諸表）

| | ×年度3月31日現在 |
|---|---:|
| 繰延税金資産 | |
| 賞与引当金 | 20 |
| 未払事業税 | 40 |
| 減価償却費および減損損失 | 100 |
| 退職給付に係る負債 | 170 |
| 税務上の繰越欠損金 | 200 |
| 未実現利益 | 30 |
| 関係会社への投資 | 50 |
| その他 | 10 |
| 繰延税金資産小計 | 620 |
| 評価性引当額 | △300 |
| 繰延税金資産合計 | 320 |
| 繰延税金負債 | |
| その他有価証券評価差額金 | △70 |
| 特別償却準備金 | △40 |
| その他 | △10 |
| 繰延税金負債合計 | △120 |
| 繰延税金資産の純額 | 200 |

×年3月31日現在の繰延税金資産の純額は，連結貸借対照表の以下の項目

に含まれております。

| | |
|---|---|
| 流動資産－繰延税金資産 | 120 |
| 固定資産－繰延税金資産 | 200 |
| 流動負債－繰延税金負債 | △10 |
| 固定負債－繰延税金負債 | △110 |

［設例11-4］法定実効税率と税効果会計適用後の法人税等の負担率との間に重要な差異があるときの，当該差異の原因となった主要な項目別の内訳の注記例

| | ×年度3月31日現在 |
|---|---|
| 法定実効税率 | 31.0% |
| （調整） | |
| 交際費等永久に損金算入されない項目 | 6.9 |
| 受取配当金等永久に益金に算入されない項目 | △11.5 |
| 評価性引当額 | 4.7 |
| 税率変更による期末繰延税金資産の減額修正 | 2.6 |
| その他 | 3.3 |
| 税効果会計適用後の法人税等の負担率 | 37.0% |

## 《まとめ》

連結貸借対照表において，異なる会社の繰延税金資産と繰延税金負債を相殺してはならない。個別損益計算書では税引前当期純利益，連結損益計算書では税金等調整前当期純利益から，法人税，住民税及び事業税と法人税等調整額を差し引く形で当期純利益を示す。さらに，繰延税金資産・繰延税金負債の発生の主な原因別の内訳，法定実効税率と税効果会計適用後の法人税等の負担率との間に重要な差異があるときの当該差異の原因となった主要な項目別の内訳，繰延税金資産の発生原因別の主な内訳として税務上の繰越欠損金を記載している場合にその金額が重要であるときの繰越期限別の税務上の繰越欠損金に係る情報やその繰延税金資産を回収可能と判断した主な理由などの注記が求められ

ている。

---

［復習問題 11］

空欄に当てはまる語句を答えなさい。

異なる[ ① ]の繰延税金資産と繰延税金負債は，原則として[ ② ]してはならない。

[ ③ ]および[ ④ ]は，法人税等を控除する前の[ ⑤ ]から[ ⑥ ]する形式により，それぞれ区分して表示しなければならない。

財務諸表・連結財務諸表には，次の事項を注記しなければならない。

1. 繰延税金資産・繰延税金負債の発生[ ⑦ ]別の主な内訳
2. 税引前[ ⑤ ]または税金等調整前[ ⑤ ]に対する法人税等（[ ④ ]を含む。）の比率と[ ⑧ ]との間に重要な差異があるときは，当該差異の[ ⑦ ]となった主要な項目別の内訳
3. [ ⑨ ]により繰延税金資産または繰延税金負債の金額が修正されたときは，[ ⑩ ]および[ ⑪ ]
4. [ ⑫ ]に[ ⑨ ]があった場合には，[ ⑬ ]および[ ⑭ ]

【練習問題 11-1】

当年度末における一時差異等が次のとおりとする。連結貸借対照表における繰延税金資産（流動），繰延税金資産（固定），繰延税金負債（流動）および繰延税金負債（固定）の金額をそれぞれ答えなさい。税率は30%とする。

（単位：千円）

| | 納税主体 | |
|---|---|---|
| | P 社 | S 社 |
| 受取手形・売掛金に対する貸倒引当金 | 400 | 300 |
| 未払事業税 | 600 | 500 |
| 特別償却準備金（翌年度取崩分） | 100 | 100 |
| 特別償却準備金（翌々年度以降取崩分） | 300 | 200 |
| 税務上の繰越欠損金（翌年度損金算入予定） | — | 400 |
| 商品売買に係る未実現利益 | — | 100 |
| 固定資産に係る未実現利益 | 200 | — |
| 支配獲得時の S 社の土地の評価差益 | — | 800 |

【練習問題 11-2】

2018（平成 30）年 4 月 1 日以後開始年度から適用が予定されている税効果会計基準の一部改正の公開草案に従った場合の，【練習問題 11-1】を答えなさい。

# ［復習問題］【練習問題】の解答

［復習問題 1］
税効果会計基準注解（注 1）参照。

【練習問題 1-1】
未払法人税等　233 万円
法人税，住民税及び事業税　392 万円

【練習問題 1-2】
30.86％

【練習問題 1-3】
30.86％

［復習問題 2］
税効果会計基準第二・一 2 参照。

【練習問題 2-1】
90,000 千円

【練習問題 2-2】
永久差異　a, c, e, f, g, h, i　　　一時差異　b, d, j, k, l

【練習問題 2-3】
×1 年
　　期間差異額（会計利益＜課税所得）　70 千円
　　一時差異発生額（貸借対照表価額＜税務価額）　70 千円
×2 年
　　期間差異額（会計利益＞課税所得）　70 千円
　　一時差異解消額　70 千円

［復習問題 3］
個別税効果指針 14 参照。

【練習問題 3-1】

申告加算による永久差異　1,750 千円
申告減算による永久差異　400 千円

【練習問題 3-2】
A 社株式からの配当金　益金不算入（申告減算）50
B 社株式からの配当金　益金不算入（申告減算）10

［復習問題 4］
税効果会計基準第二・一 3，4，二 1 参照。

【練習問題 4-1】
×1 年度末繰延税金資産残高　180 万円
×2 年度末繰延税金資産残高　570 万円
×2 年度法人税等調整額　390 万円

【練習問題 4-2】

| | | | | |
|---|---|---|---|---|
| ×1 年度 | 繰延税金負債 | 128 | 借方法人税等調整額 | 128 |
| ×2 年度 | 繰延税金負債 | 96 | 貸方法人税等調整額 | 32 |
| ×3 年度 | 繰延税金負債 | 64 | 貸方法人税等調整額 | 32 |
| ×4 年度 | 繰延税金負債 | 32 | 貸方法人税等調整額 | 32 |
| ×5 年度 | 繰延税金負債 | 0 | 貸方法人税等調整額 | 32 |

【練習問題 4-3】
450 万円

［復習問題 5］
税効果会計基準第二・二 2, 3,（注 6）（注 7）参照。

【練習問題 5-1】

| | |
|---|---|
| 税引前当期純利益 | 450,000 千円 |
| 法人税，住民税及び事業税 | 210,000 |
| 法人税等調整額 | △ 60,360 |
| 法人税等合計 | 149,640 |
| 当期純利益 | 300,360 千円 |

【練習問題 5-2】
×2 年度末の繰延税金資産残高　60 万円。
×2 年度の法人税等調整額　140 万円

［復習問題 6］
①永久　②不算入　③算入　④確定申告　⑤翌年度　⑥将来減算　⑦繰延税金資産

【練習問題 6-1】
当期末繰延税金資産　114 千円
当期法人税等調整額（貸方）39 千円

【練習問題 6-2】

| | | |
|---|---|---|
| 税引前当期純利益 | 231,360 | 千円 |
| 法人税，住民税及び事業税 | （　73,700） | 千円 |
| 法人税等調整額 | （△　840） | 千円 |
| 法人税等合計 | （　72,860） | 千円 |
| 当期純利益 | （　158,500） | 千円 |

［復習問題 7］
①将来加算一時差異　②繰延税金負債　③その他有価証券評価差額金　④将来減算一時差異　⑤繰延税金資産　⑥法人税等調整額　⑦減

【練習問題 7-1】
当年度末繰延税金資産　127,200 円
当年度法人税等調整額　88,200 円

【練習問題 7-2】
全部純資産直入法

| | | | | | |
|---|---|---|---|---|---|
| 前期末 | （借）投資有価証券 | 5,000 千円 | （貸）繰延税金負債 | 1,500 千円 |
| | | | その他有価証券評価差額金 | 3,500 千円 |
| 当期首 | （借）繰延税金負債 | 1,500 千円 | （貸）投資有価証券 | 5,000 千円 |
| | その他有価証券評価差額金 | 3,500 千円 | | |
| 当期末 | （借）繰延税金資産 | 600 千円 | （貸）投資有価証券 | 2,000 千円 |
| | その他有価証券評価差額金 | 1,400 千円 | | |

部分純資産直入法
当期首までは全部純資産直入法と同じ。

| | | | | |
|---|---|---|---|---|
| 当期末 | （借）投資有価証券評価損 | 2,000 千円 | （貸）投資有価証券 | 2,000 千円 |
| | 繰延税金資産 | 600 千円 | 法人税等調整額 | 600 千円 |

【練習問題 7-3】
有価証券　12,000 千円

投資有価証券　12,698 千円
繰延税金負債（長期）　1,860 千円（＝2,160－300）
その他有価証券評価差額金　5,040 千円

【練習問題 7-4】
当期末繰延税金負債　15,000 円
当期法人税等調整額　0 円

【練習問題 7-5】

| | | | | | |
|---|---|---|---|---|---|
| （借） | 支払利息 | 80 | （貸） | 預　　金 | 100 |
| | 金利スワップ損益 | 20 | | | |
| （借） | 金利スワップ | 10 | （貸） | 繰延税金負債 | 3 |
| | | | | 繰延ヘッジ損益 | 7 |

【練習問題 7-6】

| | | | | | |
|---|---|---|---|---|---|
| （借） | 減損損失 | 130 | （貸） | 土　　地 | 130 |
| | 繰延税金資産 | 39 | | 法人税等調整額 | 39 |

［復習問題 8］
①超過　②下回る　③将来減算　④早く

【練習問題 8-1】

| | | | | | |
|---|---|---|---|---|---|
| （借） | 減価償却費 | 4,860 | （貸） | 建物減価償却累計額 | 4,860 |
| | 繰延税金資産 | 858 | | 法人税等調整額 | 858 |

【練習問題 8-2】
期首繰延税金資産　850.4 万円
期末繰延税金資産　924.64 万円
法人税等調整額　74.24 万円

【練習問題 8-3】
法人税等調整額　112 千円
繰延税金資産　168 千円

［復習問題 9］
個別税効果指針 10 および個別税効果指針 20 参照。

【練習問題 9-1】

1. 5,000万円
2. 当期末繰延税金資産　2,000万円
   当期法人税等調整額（貸方）　400万円

【練習問題 9-2】

4,500万円

【練習問題 9-3】

当期末繰延税金資産　420千円

当期法人税等調整額　105千円

【練習問題 9-4】

×1期

| | | | | | |
|---|---|---|---|---|---|
| （借） | 法人税等調整額 | 900 | （貸） | 繰延税金負債 | 900 |
| | 繰越利益剰余金 | 2,100 | | 圧縮積立金 | 2,100 |

×2期

| | | | | | |
|---|---|---|---|---|---|
| （借） | 減価償却費 | 3,600 | （貸） | 機械減価償却累計額 | 3,600 |
| | 繰延税金負債 | 360 | | 法人税等調整額 | 360 |
| | 圧縮積立金 | 840 | | 繰越利益剰余金 | 840 |

×3期

| | | | | | |
|---|---|---|---|---|---|
| （借） | 減価償却費 | 2,160 | （貸） | 機械減価償却累計額 | 2,160 |
| | 繰延税金負債 | 216 | | 法人税等調整額 | 216 |
| | 圧縮積立金 | 504 | | 繰越利益剰余金 | 504 |
| （借） | 機械減価償却累計額 | 5,760 | （貸） | 機　　械 | 9,000 |
| | 機械除却損 | 3,240 | | 法人税等調整額 | 324 |
| | 繰延税金負債 | 324 | | 繰越利益剰余金 | 756 |
| | 圧縮積立金 | 756 | | | |

［復習問題 10］

税効果会計基準第二・一2（2）参照。

【練習問題 10-1】

連結貸借対照表
×2年3月31日

（万円）

| 資　　産 | 金　額 | 負債・純資産 | 金　額 |
|---|---|---|---|
| 売掛金 | 30,000 | 買　掛　金 | 15,600 |
| 　貸倒引当金 | △300 | 繰延税金負債 | 304 |
| 商　　品 | 13,800 | その他の負債 | 5,790 |
| 土　　地 | 85,000 | 資　本　金 | 100,000 |
| その他有価証券 | 3,700 | 利益剰余金 | 29,676 |
| 繰延税金資産 | 1,040 | その他有価証券評価差額金 | 420 |
| のれん | 400 | | |
| その他の資産 | 18,150 | | |
| 合　計 | 151,790 | 合　計 | 151,790 |

連結損益計算書
×1年4月1日～×2年3月31日

（万円）

| | |
|---|---|
| 売上高 | 155,000 |
| 売上原価 | 110,100 |
| 　　売上総利益 | 44,900 |
| 営業費 | 20,000 |
| 貸倒引当金繰入額 | 50 |
| のれん償却額 | 100 |
| 　　営業利益 | 24,750 |
| 受取配当金 | 300 |
| 　　経常利益 | 25,050 |
| 　　税金等調整前当期純利益 | 25,050 |
| 法人税等 | 9,300 |
| 法人税等調整額 | 301 |
| 　　当期純利益 | 16,051 |

【練習問題 10-2】

A社株式 15,104 千円

持分法による投資利益　792 千円

［復習問題 11］

税効果会計基準第三 2，3，第四参照。

【練習問題 11-1】

| | |
|---|---|
| 繰延税金資産（流動資産） | 600 千円 |
| 繰延税金資産（投資その他の資産） | 180 千円 |
| 繰延税金負債（固定負債） | 30 千円 |

【練習問題 11-2】

| | |
|---|---|
| 繰延税金資産（投資その他の資産） | 750 千円 |

# 索引

## あ行



## か行



## さ行

## た 行



## な 行



## は 行



## ま 行



## や 行



## ら 行

【著者紹介】

鈴木　一水（すずき・かずみ）

神戸大学大学院経営学研究科教授
公認会計士試験委員，税理士試験委員，財務会計基準機構企業会計基準委員会専門委員・基準諮問会議委員を歴任。
公認会計士，税理士，博士（経営学）。

〈著書〉

『税務会計分析―税務計画と税務計算の統合』森山書店，2013年
『連結会計入門（第6版）』中央経済社，2012年（共著）
『国際会計基準と日本の会計実務―比較分析／仕訳・計算例／決算処理（三訂補訂版）』同文舘出版，2011年（共著）
『会計とコントロールの理論―契約理論に基づく会計学入門』勁草書房，1998年（共訳）
『日本的企業会計の形成過程』中央経済社，1994年（共著）

《検印省略》
略称：税効果会計

平成29年10月25日　初 版 発 行

税効果会計入門

著　者　　鈴　木　一　水
発行者　　中　島　治　久

発行所　同 文 舘 出 版 株 式 会 社
東京都千代田区神田神保町1-41　〒101-0051
営業 (03) 3294-1801　編集 (03) 3294-1803
振替 00100-8-42935　http://www.dobunkan.co.jp



印刷・製本：萩原印刷

ISBN978-4-495-20661-1